前言　传统电商之困与私域电商的崛起

2019年上半年，吴晓波频道首次发布《2019私域电商报告》。报告发现：在以阿里、京东为代表的传统电商巨头流量饱和，出现获客难、获客成本居高不下的情况下，商家纷纷把目光聚焦在私域流量上，试图在存量市场里寻找新的增长空间，私域电商一时成为有效的电商模式。

根据新榜大数据平台监测，2019年微信公众号中提及“私域流量”关键词的文章高速增长，阅读量在半年内增长6倍以上。2019年下半年，私域电商迎来新的爆发期。“私域流量”的百度搜索指数持续上升，甚至成为运营人流行的“黑话”。

进入2020年，受新冠肺炎疫情的影响，无论线上电商还是线下实体都受到了巨大冲击。如何打破流量增长困境，从现有客户中谋求收益的增长，成为企业、商家最重要的问题。私域电商为这一问题的解决提供了一个很好的思路。

近两年“私域”已经成为零售行业最热门的词汇，我们也始终聚焦“私域”，一路追寻、探索，希望能够揭开“私域电商”的面纱，触及“私域电商”的本质，发现“私域电商”的主流玩法，找到私域变现的基本逻辑，带给更多人有益的启发。基于这一目的，我们策划了《私域电商：存量时代的增长裂变法则》这本书。在这本书里，我们将围绕商业变现的终极目的，带你看清私域电商的“真相”。

私域电商的本质依然是电商，目前，传统电商的发展遇到了许多问题，正是这些问题为私域电商的崛起提供了条件。在解读私域电商之前，我们先对传统电商的增长困境进行简单剖析。

传统电商的增长困境：平台与商家的流量控制权之争

我国电商产业的发展起源于20世纪90年代，凭借无可比拟的低成本、高效率、便捷化等优势，电商行业多年来长期保持着高速稳定的增长态势，成为我国发展新经济的重要力量。然而，在经过20多年的野蛮生长后，传统电商陷入增长困境，商家获客成本不断攀升，传统电商“黄金时代”落下帷幕。

传统电商的增长困境主要体现在两个方面：

（1）传统电商增速放缓

随着移动互联网的发展进入下半场，流量红利逐渐消失，头部平台的用户量及使用时长的增长速度逐渐放缓，用户规模、交易总额等指标出现不同程度的回落。根据国家统计局发布的数据显示，2019年中国网上实物零售总额8.5亿元，在社会商品零售总额中占比20.7%，对比2018年28%的增速，2019年增速回落为21.4%。

为了充分挖掘现有流量，平台开始利用各种手段加强对流量的控制，例如优化算法机制、提高广告的加载率等。平台一方面从商家、用户、内容创作者处源源不断地汲取流量，另一方面又凌驾于这些主体之上，这一点在电商平台表现得最为明显。在整体电商行业增速放缓的背景下，阿里、京东等传统电商平台采取了很多措施，大致可以归结为两点：一是通过小红书、微博、抖音、B站等站外平台获取流量；二是加强平台的内容建设，例如淘宝推出微淘、淘宝直播、有好货、品牌好等诸多新频道，进一步增强用户黏性。

（2）流量成本不断攀升

传统电商平台大多属于中心化的平台，汇聚了海量流量，牢牢掌握着消费者购物的第一入口。商家想要销售商品必须通过平台，每成交一单就要给平台一定比例的分成。发展初期，电商平台为商家提供大量免费流量，即便有些流量需要付费购买，成本也在可接受的范围内。随着销售额逐渐增长，商家对平台的依赖程度越来越高。即便整个行业进入缓慢发展阶段，平台流量趋于稳定，入驻平台的商家数量仍在不断增长，流量价格一路飙升，商家的获客成本越来越高，行业竞争愈演愈烈。

以阿里巴巴为例，从2012年开始，阿里巴巴大力扶持天猫，并对聚划算平台进行改革，导致流量成本大幅增长，迫使一些中小型商家退出平台。据新榜和国信证券发布的《互联网私域流量行业研究报告》统计显示，淘宝、天猫头部商家的交易额在平台GMV（Gross Merchandise Volume，交易总额）中的占比超过了40%，使得中小商家的处境愈发艰难。即便是头部商家，也要花费20%左右的营业额来购买流量，利润空间进一步缩小。

上述两大困境，令传统电商进入到上升瓶颈期，却为私域电商的崛起提供了机遇。

私域电商的崛起：从流量思维到用户思维

传统电商的中心化模式切断了商家与用户的沟通途径，导致用户对平台的黏性极高，对商家的认知度极低，商家想要维持销量，必须不断地向平台购买流量。而微信、抖音等平台凭借自身的社交属性强化了商家与用户之间的联系，多元化的交流机制为商家与用户深度互动提供了极大的便利。在这些平台，商家掌控流量。

认识到这一点之后，越来越多的商家主动避开了流量公海里的厮杀，加入了私域流量之争，从流量思维转向用户思维，即从花钱购买流量，转向通过精细化运营提高流量的转化率。

从本质上看，私域流量可以用两点进行概括：一是内容生产的全民化，人人都可以发布内容；二是流量运营的精细化，对流量进行分层运营。在流量成本不断攀升的当下，私域流量运营的重要性愈发凸显。

私域流量运营从理性与感性两个层面对运营人员提出了要求。从理性上看，运营人员必须精心策划流量来源，衡量流量价格，最好设计一套公式对流量进行计算；从感性上看，运营人员必须具备强大的内容策划能力，根据平台特点与用户特性，策划出能够引起用户强烈共鸣的内容，同时要与用户建立情感联系，增强用户黏性。与注重平台运营的公域流量不同，私域流量更强调内容创作者与商家的重要性。

在私域流量模式下，平台、商家、消费者都将成为最终的受益者。从平台的角度看，私域电商为流量变现提供了一个更便捷的路径，为平台拓展了一条新的盈利渠道；从商家的角度看，私域电商将线下销售代理产业链搬至线上，降低了渠道成本，也将中间渠道的门槛降低到了个人（传统零售经销商的资质较高），低成本或者零成本实现产品销售。从消费者的角度看，在私域电商模式下，消费者可以在自己的朋友圈或社群找到某个领域相对专业的人，获得专业的一对一的服务。

具体来看，私域流量运营意义重大，主要表现在以下三个方面：

- 流量可控：平台在发展初期为了积累商家资源会释放出一些免费流量，让商家积累一批原始粉丝，但大部分流量始终掌握在平台手中。如果商家无法将用户引入自己的私域流量池，就无法控制流量。但微信、抖音等社交平台不同，在平台独特的流量分发机制的作用下，用户可以搭建私域流量池，积累独属于自己的粉丝群体，增强对流量的掌控力。

- 性价比高：在传统电商平台，商家获取公域流量需要支付一定的费用。随着流量价格不断增长，一些商家已经无力承担。虽然私域流量也需要运营维护，但商家投入的费用要低很多，而且获取的流量具有长期性，可以视为商家的私有资产，归商家所有，被商家控制，可以给商家带来源源不断的经济利益。

- 深入服务的可能：例如在抖音、快手等短视频平台，如果用户对短视频产生了浓厚的兴趣，可能会找到短视频的创作者点击关注，持续观看相关短视频。随着关注的人越来越多，账号就拥有了自己的私域流量池，可以继续拓展其他服务。基于这一逻辑，商家就有了为用户深入服务的可能，这一点在公域流量平台很难实现。

可见，运营私域流量不仅可以解决传统电商的困境，也可以促进私域电商的异军突起，为中国电商经济的增长注入新的活力。

你将在本书中学到什么

本书由理论到实践，一方面对直播带货、会员电商、社区团购、KOC（Key Opinion Consumer，关键意见消费者）私域电商等新兴事物进行全面阐述，帮助读者全面了解私域电商；另一方面聚焦私域流量的运营，如对吸粉引流、获客转化、流量运营、私域流量池的搭建进行深入剖析，助力读者掌握实用、有效、可复制的私域电商运营攻略与技巧。具体可分为四个部分：

第一部分：私域电商

随着流量红利逐渐消失，私域电商成为商家突破流量困境的利器。这一部分内容立足于私域流量的本质，对公域流量与私域流量、私域电商与社交电商的区别进行详解，深度剖析私域电商的基本内涵、运营逻辑、转化方式等内容，全面梳理私域电商的演变进化路径——从微商到微店/微商城再到“公私合营”的平台运营，并结合完美日记与阿芙精油的私域电商运营实案，带领读者对私域电商形成总体认知。

第二部分：私域运营

私域电商的核心是私域流量运营，从运营路径、用户转化、直播带货三大维度对私域流量运营进行拆解，构建私域流量运营框架与模型，阐述获客、留存、转化的具体方法，对三种最主流的直播带货模式进行细致讲解，并对当下最热门的直播带货进行全方位剖析，对微信生态下的直播带货玩法进行全面论述。

第三部分：商业模式

作为一种新出现的商业形态，私域电商发展出了多种商业模式，目前主流的模式有四种，分别是拼团模式、会员电商、社区团购和KOC营销。本节结合拼多多、京东PLUS会员以及十荟团、食享会等案例，对这四种主流商业模式的玩法进行深入探究，形成了很多实用的方案与攻略，带给读者一定的思考与启发。

第四部分：微信私域

微信是私域运营的理想平台和主阵地。在微信生态中，有很多工具可以用来开展私域运营，本节对微信私域运营最主流的三大工具——微信个人号、微信视频号和微信企业号进行全方位论述，具体阐述了应用场景、核心功能、产品逻辑、运营技巧、引流攻略以及精细化运营方法，帮助读者掌握实用的微信私域运营方案。

本书从策划到成稿耗时数月，但因为私域电商市场正处在高速发展阶段，行业形势、应用工具更迭速度极快，定有疏漏。如有不足之处，望诸位读者批评指正，我们将继续站在观察者、研究者的视角关注私域电商，努力为读者奉上佳作！

目　录

第四章 营销增长：实现品牌裂变与转化

第二部分 掌握私域运营

第五章 运营路径：提升客户的终身价值

第六章 用户转化：打通私域流量全链路

第七章 直播带货："公域＋私域"组合拳

第三部分 打造商业模式

第四部分 玩转微信私域

第十二章 微信个人号：私域电商的核心工具

第十三章 微信视频号：抢占新的流量洼地

第十四章 企业微信：建立企业的客户资产

第一部分　认识私域电商

第一章
私域流量：破解流量焦虑的困局

01 读懂公域流量与私域流量

所有互联网公司都离不开流量。对于互联网公司来说，得流量者得天下，失去流量，就等于失去了变现能力。“流量”代表大众的关注点，是市场，也是用户，更是商机。流量按持有者的不同，可以分为公域流量与私域流量。其中，私域流量属于个人或商家的“私有财产”，公域流量例如淘宝、京东等平台的流量，商家可以通过“花钱购买”的方式将平台的公域流量转变为自己的私域流量。

◆公域流量：平台赋予个人的流量曝光

公域流量总是与“平台”挂钩，因此也可以称为“平台流量”，它是一种集体共有的流量，与单一个体流量相对。在日常生活中，人们经常接触的平台流量大致分为五类：

- 电商平台，以淘宝、京东、网易严选等为代表；
- 内容聚合型平台，典型的有腾讯新闻、网易新闻、今日头条等；
- 社区平台，例如百度贴吧、微博、知乎、简书等；
- 视频内容型平台，以腾讯视频、爱奇艺、抖音等为代表；
- 搜索平台，例如百度搜索、谷歌搜索、360搜索等。

一个平台中存在许多个体，这些个体要获取流量，就需要向平台付费购买，或者举办活动来吸引流量。一般来说，通过付费购买的流量的留存率都比较差。在获取流量的过程中，个体必须谨遵平台规则。个体没有流量支配权，只能迎合平台，根据其发展规律顺势而为。自始至终，流量都属于平台，个体一旦触犯平台营销规则就可能被封号，这样流量又会重新归于平台。所有个体都要依靠平台获取流量，他们通常很难掌控流量的分发。

个体想要获得和使用流量，就需要向平台支付高昂的费用，这也是个体入驻平台最大的弊端。不过，个体入驻平台也有优点，即获取流量的方式比较简单，只需要付费购买就能直接获得一定的流量。一般来说，平台会根据个体付费的多少、层次或级别来进行流量推送，但是，这种推广不够精准，就像是大海捞针。

以教育培训机构在百度平台付费推广为例，教育培训机构想通过百度的宣传来曝光自己的英语课程，吸引精准流量，并最终实现流量变现。但是，百度的用户结构比较复杂，各个年龄段、各个阶层、各个岗位的用户都有涉及，他们的需求也五花八门，这就可能导致推送的访问用户中目标用户的数量远远达不到预期，例如100个访问用户中只有1个目标用户。也就是说，平台推广很难给客户带来精准流量，这就意味着教育培训机构很难通过百度推广获得理想数量的目标用户。

◆私域流量：自己可以掌控的私人流量池

私域流量具有个体属性，即品牌或个人的私有流量。它是品牌或个人自主获取并拥有的、无须付费便能使用的，且可以反复利用、随时触达用户的流量。

在社交媒体尚未普及的时代，私域流量是客户的手机号、邮箱、住址等联系方式；在互联网时代，私域流量存在于各种社交媒体之中，例如公众号、朋友圈、头条号、微博、社群、抖音等。私域流量是个体可以随时掌控的一切私人流量池，它可以是一个粉丝聚集地，也可以是一个客户交流平台，或者是一个潜在客户挖掘场。与公域流量相比，私域流量是一种需要不断沉淀和积累才能获取的流量，也是一种拥有更高精准度和转化率的垂直流量。

以公众号为例，如果一个公众号的关注者大部分是年轻的母亲，那么这个公众号所聚集的私域流量非常适合母婴品牌挖掘。年轻的母亲对母婴产品有一定的需求，她们或许对某款母婴产品的需求程度不一样，但都可能产生购买欲望。在100个浏览母婴产品推文的用户中，可能有10个用户会进一步了解文

> 中提及的母婴产品。因此，与平台推广相比，公众号图文推广方式更精确、更容易实现流量变现，而且推广费用也更低。当然，这种推广方式也存在一定的弊端，例如曝光率较低、影响面积较小、用户热度具有临时性等，但是由于它能通过某种热点获得关注，所以可以在短时间内促使用户规模明显增长，这就是常说的“热点获客”。

由此可见，私域流量要比公域流量更注重引导和运营。如果用一句话概括两者的区别就是“私域流量的用户属于个体，公域流量的用户属于平台”。利用公域流量实现用户购买，一般要经过平台流量覆盖、顾客点击、咨询客服、下单购买、用户复购等流程，偏重于售前和售后服务，用户留存率和复购率都比较低；而运用私域流量，用户在首次购买之后，商家通过留存互动和精心的运营，引导用户分享扩散或是转介绍，引进新的用户实现购买。

随着线上获取流量的成本不断增加，企业从移动互联网中获取流量、进行流量转化的难度也越来越大。因此，企业要打造自己的私域流量闭环，实现**流量低成本获取、高效率运营和高价格变现**。这不仅有助于开展二次营销、多次营销，提升用户的复购率，还能在用户之间建立品牌忠诚度，拓展与用户交流沟通的渠道。

在不久的将来，私域流量会成为流量变现的主流方式。在私域流量的支撑下，一些小众品牌会陆续崛起，一批以网红、KOL（Key Opinion Leader，关键意见领袖）、私域流量品牌等为代表的优秀私域流量主会不断涌现，同时消费者也将迎来自己的主权时代。

02 公域流量之困与私域流量崛起

在流量红利时代，互联网玩家坚信这样一种逻辑，即“以低价购买流量，再以高价转化变现”。但是，随着流量红利逐渐消失，流量成本变得越来越高。

以京东为例，2016年，京东平台的获客成本只有142元/人，但到了2019年，京东的获客成本达到了298元/人。除京东外，淘宝、拼多多等平台的获客成本也出现了不同程度的增长，例如淘宝的获客成本从2015年的166元/人增至2019年的405元/人，拼多多的获客成本从2016年的10元/人增至2019年的179元/人等。

所有人都开始关注流量的归属问题，并对这类问题变得越来越敏感。毫无疑问，公域与私域之间的流量争夺将成为消费互联网下半场的热点。

◆公域流量之困：流量红利消失，获客成本越来越高

各大互联网平台的公域流量虽然对外开放，但是商家想要使用这些流量必须向平台支付报酬。因此，企业每次在大平台导流都需要付出高昂的成本。面对流量费持续上涨和被平台反复收割的困境，商家越来越想寻求解脱之道。对于平台来说，公域流量买卖是一项极好的生意；而

对于整个生态发展来说，公域流量的玩法已经过时，私域流量拥有更广阔的发展空间。

首先，平台向客户推送公域流量主要采用竞价机制，出价高的客户可以获得更多、更优质的公域流量，这会导致流量获取的成本越来越高。在这种流量竞争机制下，即使企业能成为最后的赢家，也要承担高昂的流量费用。流量费不断上涨，企业想要盈利就必须降低成本，这样一来产品缺乏创新，同质化现象会愈发严重，一些不法商贩甚至会制造假货来欺骗消费者，而假货横行则会导致产品生态崩塌。

私域流量常常存在于社群圈层中，他们的需求一般比较独特，商家可以针对这些独特的需求打造专属产品或服务，不断提高私域流量中目标客户的体验，产生高溢价，使买卖双方实现双赢。最重要的是，商家在使用私域流量时几乎不用支付流量费，而且可以触发多次消费。

其次，如果忽略企业的承受能力，将流量留在公域平台，也未必是一件好事。即使平台拥有海量数据和强大的算法，也无法为这些用户提供极致的体验，更无法做到千人千面。无论流量留存，还是流量激活，都需要社群运营给予一定的支持。

平台上的KOL群体，如大V、达人、明星等不仅是优质内容的创造者，也是平台流量的枢纽与来源，他们通过自己的创作为生态繁荣做出了一定的贡献。由此可见，生态的繁荣依赖于私域的创造力，任何平台都需要竭力发挥这种创造力。

既然如此，平台能否限制流量资费的上涨，压抑自己“收割”私域流量的冲动呢？答案应该是否定的。因为大平台的流量不是凭空而来的，为了持续获得流量，平台也需要付出越来越多的成本。

据阿里巴巴的年度财报显示，2015年，阿里巴巴的获客成本为58.31元/人，单客成本为24.32元/人；而到了2019年，其获客成本为187.29元/人，单客成本为60.83元/人，两种成本分别暴涨了221.2%和150.1%。

近年来，腾讯的广告费维持在销售费用的75%，大约是其营业收入的5%，且未见收缩迹象。这种固定比例的广告投入既与腾讯年初预算体系的设定有关，也与其市场规模的扩张姿态有关。身为流量大户，腾讯依然需要持续投入广告费用来获取流量，其他小平台更是如此。

可见，无论是商家还是平台，想要获取公域流量，其成本都在不断地攀升，从而陷入增长瓶颈。为了解决公域流量的困境，私域流量应运而生。

◆私域流量崛起：从萌芽到爆发

私域流量之所以会悄然崛起，主要原因有两个：一是平台对流量的垄断所致，二是企业为不断攀升的获客成本日益增长的焦虑所致。私域流量的崛起是消费结构发展的必然趋势，同时也是企业商业思维从流量收割向用户经营转型的信号。

与公域流量相比，私域流量可以多次使用、自由触达，而且无须花费太多成本，可以直接与个体连接，属单个品牌或商家直接所有。

面对流量资费上涨压力和微信平台流量红利的诱惑，淘系玩家纷纷入场。淘宝系拥有6亿用户，微信拥有11亿用户，两者之间存在5亿的用户差额，因此，各大商家纷纷紧盯微信这块“肥肉”，誓要拿下这一必争之地。与淘系的环境相比，微信的环境更有利于品牌孵化，或者说更有利于商家“闷声发大财”。其原因主要在于淘系营造的是一种激烈而透明的商家竞争环境，微信营造的是一种封闭且富有个性的社交群落环境。

在淘系玩家入场之前，微商已经完成了对微信平台私域流量红利的第一轮收割，淘系玩家的入场开启了对私域流量红利的第二轮收割，不过，在此期间，其他流量玩家还没有觉察到这一巨大商机。由于微信生态的红利空间足够大，因此为微信平台私域流量红利的第二轮收割留下了机会。

私域流量的爆发期开始于2018年下半年，在此期间，阿里巴巴、京东、拼多多等平台的获客成本大幅增长，私域流量的重要性已毋庸置疑。各大电商巨头在私域流量领域的布局日益激进，步调也逐渐趋于一致。

2019年，社交电商逐渐兴起，私域流量以此为契机全面爆发。在此期间，市场上出现了这样一种现象，即一些专门用来为私域流量运营赋能的工具类产品不断涌现，并逐渐呈现出爆发趋势，具有代表性的产品包括虎赞、乙店、聚客通等。私域流量的基本模式有两种，一是个人号，二是群，前者是核心，后者是辅助，且对于这两种模式运营的必要性已经成为商家的普遍共识。

03 私域的本质：精细化用户运营

线上竞争日益激烈，每千次曝光成本越来越高，相比之下，私域流量几乎不耗费成本，于是商家们开始争抢“私域地盘”。要做好私域流量运营，一方面要实现对已有用户进行有效运营，另一方面要对潜在客户进行理想触达。私域流量的火爆有一定的底层逻辑，即它能帮助商家实现低成本引流与变现。从本质上来说，私域流量就是对用户的精细化运营。

◆私域流量的核心关键词

在私域流量环境中，商家不仅可以更加方便地与用户交流互动，还能更加快捷地触达目标客户。但是，私域流量运营不仅仅是实现与用户的交流互动，还在于要为用户提供真正有价值的产品和服务。

此外，商家还要与用户建立信任关系，挖掘用户的长期价值，利用精细化运营构建一个高效引流、高转化、高口碑、高裂变、高复购的私域流量池，打造流量闭环，推动流量实现稳定增长。私域流量运营有五大核心关键词：

- 信任感：无论私域流量的沉淀，还是私域流量的转化，都是以信任为核心。私域流量包括品牌粉丝、明星粉丝、KOL粉丝、公众号粉丝、内容号粉丝、商家微信群用户、商家社群用户等，这些流量的转化与变现都要以信任关系为基础。
- 直接触达：私域流量与品牌或商家直接连接，这是因为私域流量是品牌或商家的垂直用户或粉丝，可以被品牌或商家直接触达，而且，品牌与商家获取私域流不需要向中间平台支付费用。
- 重复使用：私域流量存在于品牌或商家的公众号、微信群、社区等流量载体内，可以被品牌或商家不限次数地激活、触达与转化。更重要的是，品牌或商家对私域流量的触达成本很低，而且效率较高。

- 双向交流：私域流量与品牌之间存在方便、快捷、顺畅的沟通渠道，可以随时交流互动，并且能够相互影响，消除彼此之间的信息不对称现象。与私域流量用户的直接交流可以使商家更有针对性地研发产品、优化供应链，获得及时的反馈，不断提高用户体验。
- 长期价值：私域流量需要长期积累和持续经营，它是一个长期运营、反复利用的过程，其终极目标是深度挖掘用户的全生命周期价值。

◆私域流量的四种类型

私域流量具有可控性，商家和用户可以很亲密，也可以相互疏离，他们之间的关系可以分成不同的层次。

- 最浅层：粉丝。最浅层私域流量的典型代表包括微信公众号粉丝、微博粉丝、今日头条粉丝等。最浅层私域流量的等级最低，信任关系也最浅，它是一种粉丝型私域流量。粉丝型私域流量通常是单向接受信息，依靠运营者持续单向输出内容来维持留存。粉丝对运营者输出的内容越是感兴趣，转化和变现能力就越好，这与微信公众号、订阅号等的运营逻辑相同。
- 中间层：社群。比粉丝型私域流量更深一层是社群型私域流量，如同一个微信群、QQ群的用户就是社群型私域流量。社群型私域流量通过一定的方式聚集起来，并经常就同一爱好进行相互交流，他们可以接受多种不同的信息，对运营者的信任程度要高于粉丝。运营者可以通过群讨论、群直播、群活动等方式进行持续化运营，从而提升转化和变现效果。

- 次深层：好友。比社群型私域流量更深一层的是好友型私域流量，主要代表有微信好友、QQ好友等。微信和QQ是目前我国最主要的即时通信工具，几乎涵盖了每个中国人的社交关系。由于好友型私域流量的信任程度非常高、转化效果特别好，所以它也是最受各大商家追捧的私域流量类型。好友与好友之间可以相互信任和直接对话，甚至能够毫无障碍地经常相互推荐产品，这样可以大大提高变现的可能，而且也有利于精细化运营。

- 最深层：CRM系统。比好友型私域流量更深一层的是CRM系统。私域流量的层次取决于用户关系管理的强度，两者之间存在着非常紧密的关系，因此最深层的私域流量是CRM系统。CRM系统存在于各种知识付费店铺、微信服务号、官方网站、独立App之中，记录着各种用户的行为数据，包括浏览、注册、登录、预约、使用、付费等一系列网络行为。CRM系统能根据这些数据信息为用户制定不同的标签，进行标签自动化管理，这种管理方式能够实现个性化运营与营销，是流量转化的有效利器。

2019年，腾讯智慧零售与波士顿咨询公司联合发布《新时代的中国消费者互动模式》，该报告显示：现阶段，不少线下门店的客户关系管理模式发生了巨大转变。传统的客户关系管理模式是“电话+门店+短信”，而目前大多数门店已经从这种模式转到了社交私域运营。在社交私域运营模式下，传统线下门店的有效互动客户数量、沟通效率、单次平均互动时长分别能够提高1.5～2倍、3～4倍、2～3倍。

线下门店的员工原来打500个电话可能只能获得20个有效反馈，现在添加300个好友，就可能与30～50人实现经常性互动；原来“每次打电话没说几句就挂断”，现在与线上好友交流不仅时间灵活、不受地域和话题限制，而且交流形式更加多样。由此可见，相较于之前的通讯录来说，私域流量是一种更加人格化的流量，标志着流量思维向用户运营思维转变。

04 私域流量的运营玩家与生态体系

受新冠肺炎疫情的影响，线下销售渠道受阻，各大品牌开始转向线上，将“私域流量”视为核心战场，积极搭建私域流量运营渠道。凭借可以直接触达、可以重复使用、支持商家与用户双向交流、高性价比等优点，私域流量已经成为线上线下各种商业业态常见的运营手段，可以帮助品牌和商家搭建私域用户池，打造自营生态闭环。从流程来看，私域流量已经形成了一个比较完整的运营路径，这个路径涵盖了流量获取、流量沉淀、流量运营、交易转化、分享裂变、复购达成等多个环节。另外，私域流量领域也涌现出很多优秀的服务商，为各类商家提供更加优质的私域流量运营方案。

◆私域流量的运营玩家

现阶段，私域流量运营在各类业态中都有展开，包括线上线下品牌商、零售商、自媒体、网红主播、KOL、中小门店、电商卖家、个人经营者等。

（1）品牌商和零售商

私域流量的成本非常低，是品牌商和零售商降低流量成本的有效方式，也是他们开展精细化运营的有效渠道。过去，品牌商与零售商在运营过程中需要支付高昂的广告成本、渠道成本和电商平台成本，私域流量可以帮助他们摆脱这些成本限制。品牌商与零售商可以通过私域流量自由触达用户、有效降低获客成本，同时还能借助私域流量建立自己的用户数据库，更好地优化产品、服务和供应链。

此外，在私域流量模式下，品牌商和零售商还能施展多种精细化的运营手段，例如用户数据分析、流失用户激活、用户分层管理、精准营销等。目前，无论线上还是线下，品牌商和零售商在对私域流量进行一段时间的运营之后都获得了可观的增长。

例如，国内的美妆品牌完美日记就是私域流量运营的典型代表，完美日记非常注重建立自己的私域流量池，经常通过朋友圈、社群触达目标用户。与此同时，该品牌还十分注重以多种营销方式激活客户的购买欲，其营销手段包括直播、大促、抽奖等，可以极大地促进流量转化。正是基于这些多元化的玩法，完美日记才能在8个月的时间内让销量增长近50倍，不仅力压美康粉黛等国货同行，而且全面赶超YSL、SK-II等国际大牌。

2020年，受新冠肺炎疫情影响，许多线下品牌开启了私域流量运营模式，具有代表性的品牌有全棉时代、良品铺子、屈臣氏、歌莉娅、七匹狼、西贝等。这些线下品牌在加入线上私域流量运营队列后，纷纷开始利用微信、小程序、直播、社群等方式进行线上宣传和销售。

（2）自媒体、网红主播、KOL

私域流量是自媒体、网红主播、KOL的自带属性。这些私域流量主既是流量的精细化经营者，也是优秀内容的创造者。他们不仅会通过创作优质的内容来吸引粉丝，建立自己的私域流量池，还会将优质的产品和服务推荐给用户，提高粉丝黏性和忠诚度。一般来说，自媒体、网红主播、KOL的流量变现方式可以分为两种：自营和带货。

例如，一些KOL可以自己充当卖家，通过自营方式建立自己的私域流量商业闭环，典型代表有李子柒、雪梨等。也有不少KOL选择与第三方商家合作实现流量变现。对于第三方商家来说，KOL的私域流量其实是他们的公域流量，商家想要通过这些私域流量达成交易，就需要向KOL支付相应的流量费用，典型代表有李佳琦、薇娅等。

（3）中小门店、商家与个人经营者

中小门店、商家与个人经营者也可以通过微信、QQ、钉钉等社交工具沉淀用户，开展私域流量运营。在私域流量运营过程中，他们需要通过与用户进行高频的交流互动来增强用户黏性，通过反复触达来完成转化和变现。例如，一些个人经营者可能利用自己的社交关系发展用户群，然后再与云集、爱库存等专业服务商达成合作，获得供应链支持，并最终通过私域流量池销售产品，完成私域流量变现。这种模式一方面可以帮助特殊群体解决就业问题，另一方面也可以帮助商家及时清理库存，优化供应链，提高企业的竞争力等。

◆私域流量运营生态体系

私域流量运营离不开运营者的努力，也离不开服务商的支持。目前，私域流量的生态链服务具有十分丰富的场景，例如各类厂商既能为运营者提供有效工具，又能为其提供良好的服务，使得运营者可以更加高效地开展私域流量运营。但是，由于整个生态体系还不够成熟，私域流量运营尚未形成完善的方案，市场环境依然存在诸多不确定性。

因为私域流量的本质其实是“熟人经济”+“信任经济”。“熟人经济”虽然可以快速获取用户信赖，形成口碑传播，带来大量复购，但难以形成规模化，一旦熟人之间的信任崩塌，就会带来极大的交易风险。“信任经济”也是如此，因为对人的要求比较高，对人脉的依赖比较强，一旦信任丧失就会诱发较大风险。

不过，等到疫情结束，电商平台很可能会加大对私域流量的投入，这也将快速“催熟”整个生态体系。目前，私域流量运营生态体系主要包括四大主体：

（1）流量平台

私域流量运营的“主要阵地”是什么呢？毫无疑问，一定是流量运营平台。常见的流量运营平台包括微信、QQ、钉钉、微博、淘宝直播等，这些平台可以帮助商家与用户建立较强的连接，是私域流量运营的主场所。在这些平台中，微信无疑是最具竞争力的场所，也是私域流量运营的“核心战场”。

微信为了加强对不法商贩的管制，对不合规的群管理软件和外挂行为采取零容忍态度，并对相关的微信账号、公众号进行了封停。目前，通过微信号进行私域流量运营存在不少困难和限制，一方面微信号具有人数限制，另一方面微信团队在保护用户生态的过程中出台了很多有力的举措，给私域流量运营带来了一定的阻碍。

目前，企业微信与钉钉在私域流量运营方面已经达成合作，通过两大企业的共同发力，可能开发出用于私域流量运营的有力工具。此外，微信小程序直播已经正式上线，为形成“微信号+小程序+公众号”的私域流量运营模式提供了契机。未来，这种组合型私域流量运营模式很可能逐渐成为私域流量运营的主流模式。另外，可供商家开展精细化私域流量运营的渠道还包括微博、抖音、小红书等社交媒体。

（2）营销服务商

营销服务商可以为私域流量主提供各种广告服务，包括内容营销、品牌广告、效果广告等。通过营销服务商提供的这些有针对性的广告，商家可以将公域流量或其他私域流量引入自己的私域流量池。

营销服务商可以通过搭建营销交易平台将各方的广告资源与内容资源聚合在一起，为供需双方提供匹配服务。同时，营销服务商还能为品牌和商家提供一系列的管理工具，例如广告创意制作工具、广告投放辅助工具、效果优化工具等，以实现更精准、更高效的推广与营销。

（3）SaaS服务供应商

SaaS（Software-as-a-Service，意为软件即服务）服务供应商包括小程序或商城服务、SCRM（Social CRM，社会化客户关系管理）等，他们可以为品牌和商家提供各类服务工具，如交易管理工具、用户管理工具等。品牌和商家可以通过与小程序或商城服务供应商合作打造线上商城或小程序商城，获得相应的商城支撑服务，从小程序或商城服务供应商处获得相应的电商解决方案。品牌和商家可以通过SCRM获得用户运营管理工具，利用这些工具开展用户获取、留存、价值挖掘等全流程运营和会员管理活动。

（4）供应链服务商

供应链服务商可以为中小私域流量主提供供应链支持。其中，MCN（Multi-Chaunel Network，多渠道网络服务）机构可以提供培训、管理、攻关、供应商连接、品牌客户连接等服务，主要服务对象是网红、达人、主播等KOL群体；代运营服务供应商可以提供直播间代运营、品牌代运营、店铺代运营等托管服务，主要服务对象是品牌和商家，可以极大地提高品牌和商家的私域流量运营效率。此外，供应链服务商还包括数据分析供应商、云服务供应商、物流配送供应商等，他们可以为私域流量运营提供不同领域的专业支持。

从总体来看，私域流量运营仍处在初级阶段，各个环节有待打磨，各个流量平台的生态建设亟待规范。最重要的是，企业、品牌、商家必须认识到一点，私域流量运营不具备普遍适用性，需要对人才储备、规模、品类等各个要素进行综合考虑之后才能决定是否可以开展私域流量运营。因为私域流量运营需要持续投入才能看到效果，考验的是企业、品牌、商家的综合实力。

但无论如何，私域流量都是一种非常有价值的运营方式，能够帮助企业、品牌、商家与用户建立连接，面向用户开展精细化运营，对用户的长期价值进行持续挖掘。未来，随着企业、品牌在私域流量领域不断探索，其运营流程将不断完善，生态环境也将变得更加健康。在这种生态体系下，企业、品牌、商家可以真正地以用户为中心构建自己的私域闭环，实现健康可持续发展。

第二章
私域电商：存量时代的变现模式

01 私域电商：要素、特征与优势

所谓“私域电商”，是指摆脱了对电商平台的流量依赖，以移动社交的方式直接与客户进行沟通，在线上完成商品交易的活动。

在以阿里、京东为代表的传统电商巨头流量饱和，出现获客难、获客成本居高不下的情况下，商家纷纷把目光聚焦在私域流量上，试图在存量市场里寻找新的增长空间，私域电商成为一种有效的电商模式。

对于商家而言，私域电商将线下销售代理产业链搬至线上，降低了渠道成本，也将中间渠道的门槛降低到了个人（传统零售经销商的资质较高），低成本或者零成本实现产品销售。于消费者而言，私域电商的模式相当于你的微信或朋友圈中有一个在某个领域较为专业的人，并且能够提供一对一专业服务，包括咨询服务等。

值得注意的是，越来越多的商家主动避开了流量公海里的厮杀，加入了私域流量之争。一方面，商家通过存量客户扩大市场边界，以社交优势打破电商圈筑起的屏障；另一方面，商家与用户直接建立信任关系，提高商业变现效率。

◆私域电商的关键要素

具体而言，私域电商有几个不可或缺的关键要素：

- 私域：简单来说就是自己的领地，不受外围干扰，可以通过各种社交方式直接触达客户。
- 电：运用互联网工具，例如支付软件、社交软件、开店软件等等，不受地域和时间的限制。
- 商：进行买卖，有交易的环节。商家通过各种方式获取私域流量后，进行客户关系维护、激发客户购买以及复购、最终完成交易，这一整个过程就是私域电商的变现过程。

◆私域电商的属性特征

相对于传统电商而言，私域电商具有以下几个明显的属性特征：

- 社交属性：处于“熟人”或“半熟”连接而成的热环境之中，主要依托于微信等移动社交平台的分享传播，具有较强的社交属性，同时也带来了更强的用户黏性，具有高传播、高转化的效果。
- IP属性：私域电商定位的选择，因知识、技能、人格魅力，吸引了一批铁粉。这批粉丝信任并认可私域电商，甚至能够帮助分享、传播，可以加深商户和用户的信任感，同时进行精准运营。

●角色属性：在交易的环节中，私域电商往往不只销售者一个角色，他可能还会是消费者和传播者。销售者、消费者、传播者多位一体，并可以从中获利。

●服务属性：在交易环节中，需要提供用户问题咨询、经验分享等服务型内容，让用户产生依赖性，进而提高购买率和复购率。

●圈层属性：私域环境最容易形成圈层，聚集一批拥有相同价值观和消费特点的人，他（她）们可能是都市白领，也有可能是家庭主妇，圈层属性使得私域电商的交易额显得隐秘和不透明，获得的客户更精准，营销成本也会大大降低。

◆私域电商模式的优势

（1）转化率和复购率高

通过商家与客户的强关系链，带来销售转化和复购率的大幅提升，从而以更低的成本获得更高的利润。流量转化一直是困扰电商发展的难题，据了解，淘宝、天猫等阿里系电商平台的流量转化率只有0.3%，而私域电商可以将转化率提升至6%～10%，甚至超出10%。

例如：七匹狼以企业微信为基础，推出“企业微信+人设打造+小程序+直播”的组合营销模式，将转化率提升至15%；特步充分发挥导购的作用，推出“导购激活+导购赋能+小程序+社群+直播+企业微信”的组合营销模式，将转化率提升到了16%。

（2）商业运作效率提高

商家与客户直接触达，甚至已经非常熟悉客户（通过打标签等对客户进行分类），沟通成本降低，这使得商家可以快速响应客户需求，加速商品的迭代，甚至在一定程度上影响市场。在传统的电商运作模式下，商家无法直接触及用户，只能通过市场反应来了解用户需求，无法对用户需求做出及时响应；但在私域电商模式下，商家与用户直接建立沟通渠道，相互交流，及时了解客户诉求，并做出实时反馈，使整体运作效率得到了大幅提升。过去，商家可能需要一个月甚至更长时间来了解用户需求，但在私域电商模式下，商家可能只需要一天时间，如图所示。

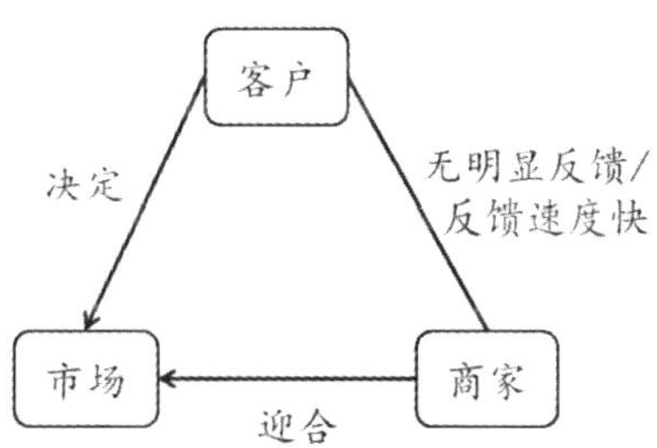

商家常规响应路径

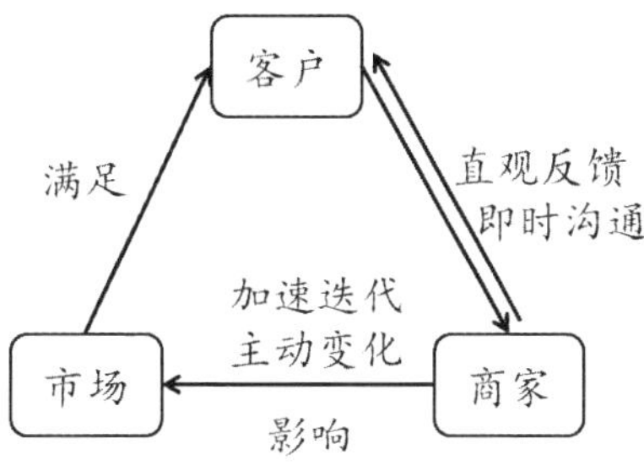

私域电商响应路径

（3）拥有稳定的“客户资产”

在私域环境下，商家将客户汇聚为自己的“数据库”，客户资源掌握在自己手中，是稳定的“客户资产”，这在很大程度上帮助商家抵御了市场变动的不确定风险。

例如，在新冠肺炎疫情期间，餐饮行业受到了严重冲击，关门停业、宣布倒闭的小型餐饮门店比比皆是，但有一些门店依然坚挺，营业额不降反升，就是因为店老板曾引导顾客添加自己的微信，利用微信搭建了自己的私域流量池。在疫情期间，店老板将买菜、炒菜的全过程通过朋友圈展示出来，获得了源源不断的外卖订单。对于店老板来说，新冠肺炎疫情就是一种不确定的风险，提前积累的顾客资源就成为应对这种风险的有力武器。

◆私域电商和社交电商的区别

社交电商借助关注、分享、沟通、讨论、互动等社交方式或社交平台完成引流和成交，目前主要分类有拼购类（如拼多多）、分销类（如云集）、社区团购类和内容分享类（如小红书）。

私域电商则作为变现渠道，是社交电商直接触达客户的有效方式，在社交电商的整个交易过程中，或多或少会通过私域流量去触达客户，直到完成交易。

社交电商为私域电商的发展提供了平台，例如云集技术端和供应端对其会员店家的支持。反过来，私域电商也为社交电商积累了足够的流量，得以形成商业模式的闭环。

社交电商和私域电商有一些共同之处，例如都以“人”为中心、重社交关系，但两者又具有差异，例如社交电商在社交分享环节，没有对客户进行精细化运营和深度互动，商家仍然无法沉淀积累自己的客户资产，这点是和私域电商在运营模式上的重要区别。

就核心竞争要素而言，私域电商核心竞争的是软实力，即客户经营能力（维系良好的关系，塑造口碑发生裂变）；而社交电商拼的是硬实力，即供应链（货、仓、配）和售后服务能力。

从交易环境来看，私域电商处于熟人或半熟人的“热环境”；而社交电商既身处“热环境”，又存在于陌生人的“冷环境”之中。

在交易逻辑上，私域电商是点对点的交易，商家获得利益；而社交电商是网状交易，多方共同分配利益。

在技术发展层面，私域电商在目前没有合规且被广泛使用的技术或工具，发展比较滞后；而社交电商则拥有大数据、云计算等作为底层支撑，技术全面赋能。

未来，社交电商与私域电商可以基于各自的优点相互助力，私域电商可以通过社交电商获得供应链、售后服务等方面的支持，拓展用户群体及交易范围，在新技术的支持下实现全面发展；社交电商可以通过沉淀私域流量提高顾客的忠诚度，与顾客建立更加稳定的关系，提高流量的转化率与产品的复购率等。总而言之，社交电商与私域电商不是两种独立的商业模式，企业、商家可以尝试将这两种商业模式相融合，取一方之长补另一方之短，不断探索新模式、新方法，实现更好的发展。

02 演变路径：私域电商1.0到3.0

从微商的兴起开始算起，私域电商可以追溯到 2011年，发展至今已有9年的时间，具体可划分为三个阶段。

◆私域1.0（2011～2014年）：微商时代的崛起

2011年，微信朋友圈开始出现代购，私域电商已初露端倪。

2013年8月，微信支付出现，线上交易在社交工具上形成了一个完整的闭环。

2014年初，“微商”概念兴起，一些小微商家、个体经营者，包括品牌的微信代理商（如韩束、浪莎等），开始在微信朋友圈卖化妆品，其中以面膜最受欢迎。直至年底，每天加入“微商”行业的人数过万，微商超过1000万。某义乌袜商在朋友圈卖货4天，消耗了公司原本4个月的库存；在广州微商博览会上，怡口宝宝净水公司现场收到467份代理申请表；韩束发展微信代理商2个月，有2万个分销代理商。

微商“造富”现象开始显现，各级代理数量叠加过千，月流水过百万成常态。但与此同时，微商模式暴露出来了诸多弊端，代理之间串货严重、囤货、暴力刷屏、信任透支，底层代理不堪重负，接连亏损，“微商”面临生死考验。

◆私域2.0（2015～2017年）：独立搭建自我生态系统

经过前几年的粗放发展，2015年开始，众多私域电商商家中陆续浮现佼佼者。他们从简单的工具应用，到独立搭建自我生态系统，出现了微店、微商城等各种成熟的综合交易平台，私域电商进入2.0时代。

在微店模式中，微店既可以充当厂家的分销平台，亦可以作为产品的代理，当然也可以自产自销，微店充当着多元的枢纽者的角色，并细化了商品供应链的分工：厂商提供商品，微店卖家代理分享至社交平台，达成销售后取佣金。微店的界面十分友好，增加、管理货物方便易操作，多方支付平台，也促进了微信对话框里的成交，如下图：

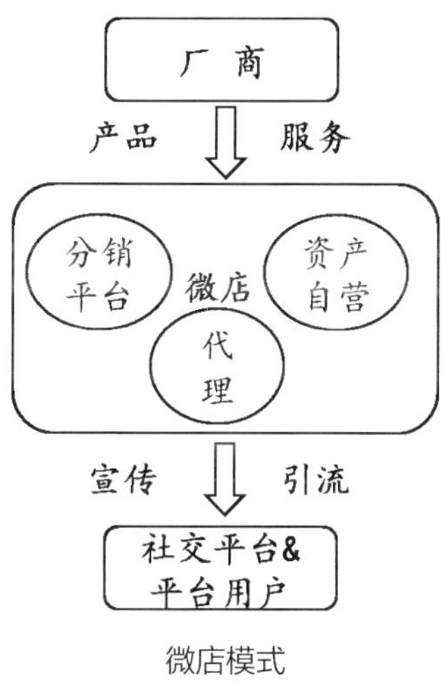

微店模式

在微商城模式中，销售利益的分配不再是厂商——微店这一单线性的链条，呈现出更为复杂的层层抽佣的关系，如下图：

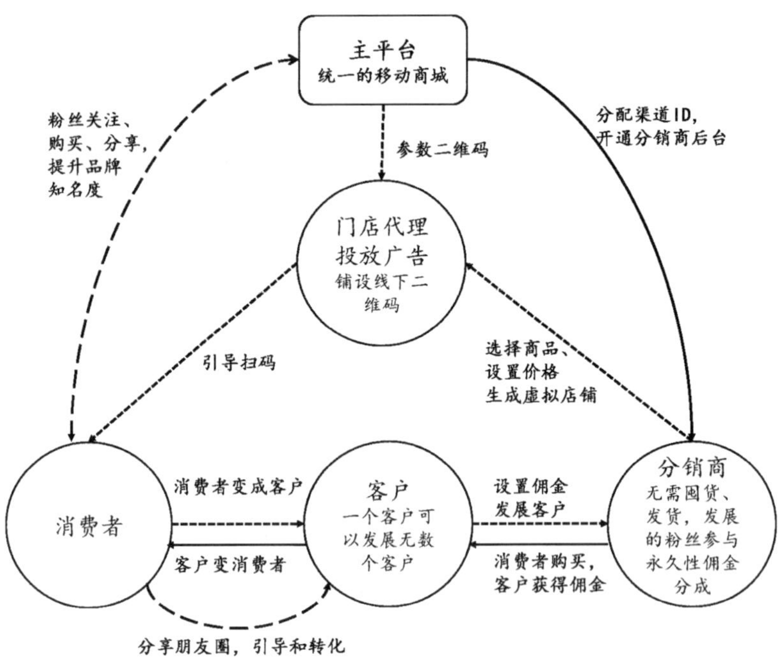

微商城模式

在私域2.0时代，传统电商平台的商家、线下零售店主、知名品牌商甚至一些创业人群开始涌入私域电商，参与者身份变得复杂多元。商品种类也从化妆品、洗护产品，逐渐向食品、服装等全品类的零售商品扩展。商家的卖货方式大致可归纳为C2C、B2C、S2b2C这三种模式：

- C2C模式：微商依然活跃在朋友圈、社群及平台上卖货，但与1.0时代不同的是，此时商家已经积累了一定的优势。例如，卖货主体可能是专家或者达人的角色，或开发了自己的自媒体账号（订阅号/服务号）、有一定体量的粉丝等，逐渐实现了规模化运营。此时的商家，经过前几年的经验积累，开始有意识地维护自己的信誉，把忠实粉丝沉淀在私域，建立竞争优势。

- B2C模式：B2C是指B端商家直接面向C端消费者销售产品。早期1.0阶段，韩束、浪莎等品牌虽然是最早入局私域电商的，但也都以发展代理为主；2.0阶段，更多知名大品牌入局私域电商，尝试独立开发App、开设微商城等等，搭建自我生态系统，这才得以形成成熟的私域交易平台。

- S2b2C模式：2.0时代，私域电商商家和分销平台开始进行角色分工，大量早期私域电商商家入驻平台。S指大的供应链平台，b是依托该平台的店主，C为顾客。S2b2C就是供应链平台提供物流、大数据等支持，让这些小b店主们触达C端的客户。

在这一阶段，最为显著的两个趋势：一是C2C逐渐向B2C整合，成为B2C的个人分销商（小b）；二是C2C从渠道向平台转型，转向大平台或专业化的企业。

私域2.0模式面临的机遇与挑战主要体现在以下几个方面：

（1）优胜劣汰，行业规范发展

先前依靠脆弱的代理链条（层压式代理）发展起来的商家，以及由于商品质量和售后服务不到位的商家被淘汰出局，行业越发规范。

（2）大品牌入局，竞争重心转移

商品同质化严重，冲击了以往以低价取胜的商家。实力雄厚的大品牌入局，所有玩家依然要面临品牌、商品质量等硬实力的竞争。

（3）裂变存在天花板

当平台对小b端店家的渗透到达一定程度后，平台的裂变遇到天花板，转为存量市场，对各种资源的争夺更加激烈。

（4）存在监管和封杀危机

一直以来无论是商家，还是平台，都被质疑涉嫌传销，云集在2017年也因此收到了来自监管部门的近千万罚单。紧接着在同年8月，环球捕手也遭到了腾讯的封杀。

◆私域3.0：私域成为兵家必争之地

（1）卖货方式

2018年，公域流量的分配格局基本形成，一些商家开始对流量进行全方位布局。把客户在小程序、公众号、个人号、各类电商平台等多场景的行为轨迹进行统一管理，将公域和私域更好地打通与融合，我们可以称为“公私合营”，如图所示。

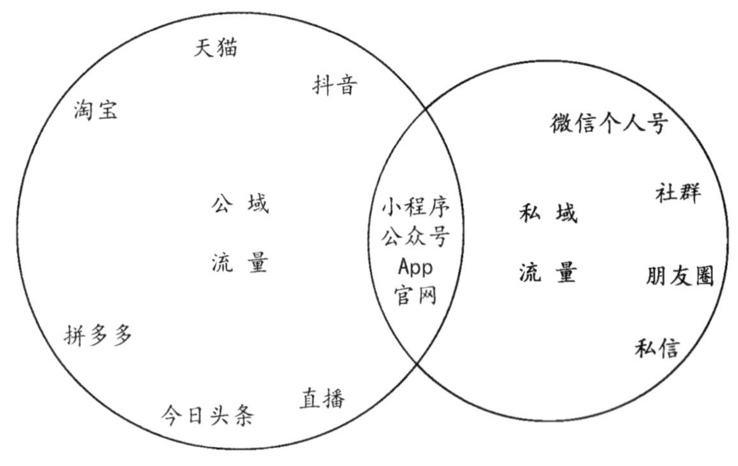

从公域流量到私域流量

所谓的“公私合营”是指：公域和私域并不是割裂的，私域更多地承载着活动分享、参与互动、组队邀请、复购转化等重要角色，公域更多地承载着消费者初次购买、引流到私域及大后台支持的角色。

（2）平台方

新的平台不断出现，云集等老牌平台的红利正在不断缩减，资源抢夺和晋升竞争愈演愈烈，导致部分私域电商商家开始了“大迁徙”，转移到新的平台。同时，在拥有了客户积累和口碑的前提下，店主小b们对平台的选择也趋于理性，平台的服务能力、供应链整合、仓储物流、App开发等成了核心的竞争要素。

（3）中小私域商家

★口碑就是无形的“品牌”。中小商家品牌支撑力不足，口碑是等同于私域客户的重要资产。因此商家将运营的重点放在信任和口碑的打造上，力求建立区别于传统微商的新身份。对他们来说，自己的人设是客户的朋友。

★小而美的柔性生产。商家通过与客户实时沟通，随时响应客户需求，使得产品设计、生产更加灵活，甚至可以柔性化定制，把库存损失降到最低。以某微信获客为主的服装商户为例，在朋友圈展示新品后，客户直接在微信内下单，商户按照下单的服装款式、颜色和数量向厂家精准订货（某一款的订货量很可能少于10件），在减少库存压力的同时，现金流更加灵活可控。

从私域电商1.0到3.0，私域电商经历微商的粗放式增长，逐渐转向精细化运营，运营模式越来越成熟。首先，运营主体越来越多元化，从个体商家到企业、品牌、中小商家、创业者等，这些群体的加入让私域电商释放出巨大的活力；其次，经营的商品种类越来越多，从微商时代的护肤品、保健品、母婴用品等向全品类拓展，包括食品、服装、家居日用百货、电子用品等，可以满足消费者多元化的需求；最后，服务逐渐平台化，进入私域电商3.0时代之后，淘宝、京东、微信、微博、拼多多等平台成为竞争主体，平台的服务能力、供应链整合能力、App开发能力等成为核心竞争要素。未来，随着监管不断加强，私域电商的运营模式将更加规范。

03 情感变现：私域电商的消费心理学

消费者愿意为情感消费。在私域电商中，与消费相关的情感概括为：信任、悦己、认同、求知和陪伴感五类。如何在不同场景中调动消费者的情感，实现多情感变现，是值得探讨的话题。

◆信任感变现

（1）信任变现模型

信任是一个比较抽象的概念，基于不同的切入点可以对“信任”做出不同的解释。从社会科学来看，信任是一种依赖关系，相互依赖的双方存在着交换关系，无论交换内容是什么，双方都存在某种程度的利害关系，一方的利益必须依靠对方才能实现。信任变现就是以这种依赖关系为基础，商家利用消费者对自己的信任向其销售高质量的商品，转化为实实在在的利益。同时，这种高质量的产品会进一步强化消费者对商家的信任，从而形成一个正向的变现循环。

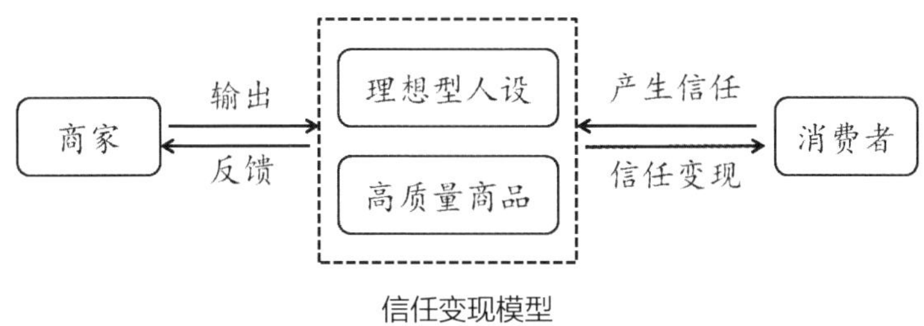

信任变现模型

通常情况下，消费者的信任感来自商家输出的理想型人设和高质量产品的其中一种，或两者兼有。在私域内的理想型人设，多以“朋友”“专家”角色为主。私域是以“人”为核心的领域，天然带有一定的社交性和私密性，这就决定了信任感是成交的重要基础。客户越信任商家，客户的逃离成本就越高，客户黏性越强。

（2）变现场景

私域电商的信任感变现场景主要为“半熟人社交”。陌生人难以信任，熟人可能碍于情面，相较而言，半熟人更容易达成交易，大部分商家与消费者都是“半熟人”的关系。消费者处于社交场景中，更加感性，容易培养信任感，完成彼此间从“不太熟”到熟悉的过程；一旦离开了社交场景，消费者重新回归理性，“人”的作用不再显著。

简单来说，“半熟人社交”就是基于某种兴趣爱好打造一个社交圈，让圈内用户形成更深的社交关系。以母婴社群为例，群主利用大家对育儿知识的渴求打造一个育儿经验分享社群，凭借专业的育儿知识与丰富的育儿经验获取大部分成员的信任，然后基于这些信任向其推荐一些产品，成员下单购买就完成了信任变现。

◆悦己型变现

（1）悦己变现模型

悦己型消费者更关注自身的需求，只要能让自己舒适愉悦，就愿意进行消费。主要表现为“为偷懒买单”“为颜值买单”和“为兴趣爱好买单”，也有可能只是单纯地享受“买买买”本身的愉悦。悦己变现模型如图所示。

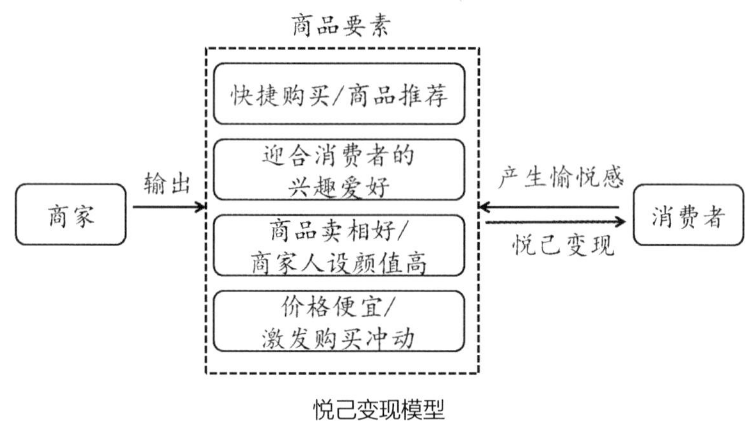

悦己变现模型

（2）变现场景

场景1：懒人消费。偷懒本身可以给自己带来愉悦感，是悦己型变现典型的场景。在私域电商中，懒最直观地体现在“人”找“货”的过程里，商家与客户在私域环境下实现从问询到买单的全过程，交易链条大大缩短，客户因为省时省力而感到愉悦，商家实现变现。以社区团购为例，用户可以在团购群发布需求，等待商家回复。经过一番讨论与协商，用户下单，等待商家送货上门即可。

场景2：兴趣爱好。对于Z世代青年（指在1995～2009年间出生的人）来说，他们会通过兴趣爱好结识同好，找到自己的“圈子”，例如电竞圈、汉服圈、代购圈等，建立起有秩序的社群，在这种以兴趣爱好建立起的社群里，人人都有可能是私域电商。

场景3：薅羊毛。所谓“薅羊毛”，也就是消费者感受到的一种占到便宜的快感。常见实现方式有秒杀、领优惠券、获得额外礼品等等。随着阿里流量告急，阿里妈妈发放给淘宝客的佣金比例逐年提高，2015年阿里妈妈分发推广者佣金90亿，2018年分发推广者佣金350亿，到2019年超过了500亿。淘宝客的商业模式如图所示。

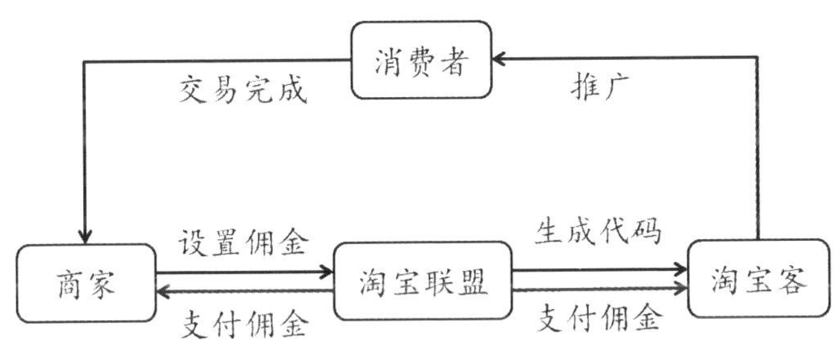

淘宝客的商业模式

◆认同感变现

关于消费者的认同感，可能产生于购买前——消费者因为认同而购买，也可能产生于购买后——因为购买而产生认同感，故这里分为两种变现模型，我们将依次进行说明：

（1）购买前的认同变现模型

购买前的认同变现就是消费者基于对商家的认同而产生购买。例如，某店主开通了微博与微信公众号，经常发布美妆等方面的知识与产品，凭借自己的专业性获得了消费者的信任，让消费者基于这种信任做出了购买行为。购买前的认同变现模型如图所示。

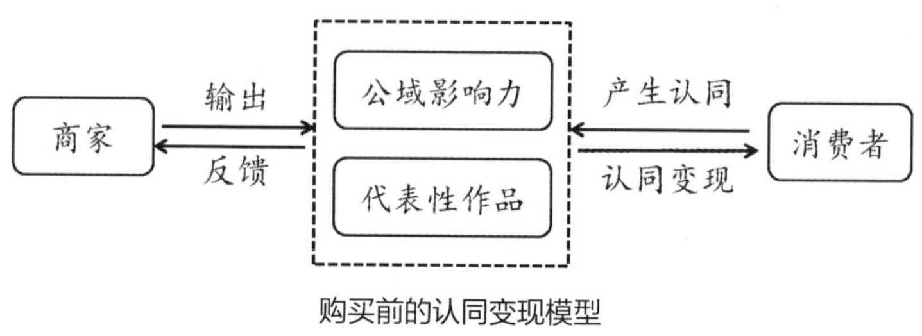

购买前的认同变现模型

（2）购买前的认同变现场景

近年来，短视频行业出现了大量的KOL，他们通过建立与“老铁”的情感连接，创造了独有的私域流量池。以快手为例，尼尔森调研数据显示，快手平台上每天与商业需求相关的评论量超过200万，通过快手带来直接交易的商业用户比例高达48%。

以快手美食主播账号——“小厨哥家常菜”为例，凭借专业的厨艺和风趣幽默的语言，该账号在快手平台上快速获得了粉丝的认同。基于快手的粉丝沉淀，“小厨哥家常菜”开通了快手小店。截至2020年9月，该账号粉丝量已经达到了958.9万，小店商品总销量达到了67.8万件。

（3）购买后的认同变现模型

购买后的认同变现指的是用户基于商家赋予产品或服务的某种价值，对商家产生认同，进而做出购买行为，完成变现。购买后的认同变现模型如图所示。

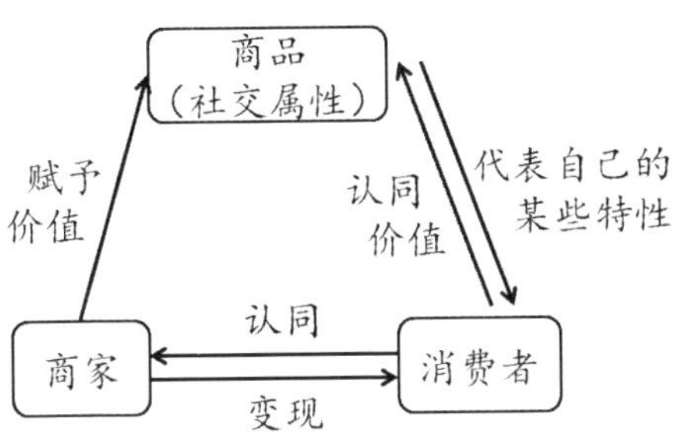

购买后的认同变现模型

（4）购买后的认同变现场景

以星巴克的猫爪杯为例，作为2019年初典型的爆款产品，原价199元，上市几天时间被炒至千元，甚至出现“一杯难求”、凌晨排队等候的现象。星巴克的品牌形象偏小资，购买猫爪杯的行为激发了消费者的情感需求和价值认同感，甚至主动在朋友圈进行社交裂变，开启“圈内狂欢”。

消费者借助星巴克在各大平台的粉丝社区、微博、私人朋友圈等庞大的社交体系进行猫爪杯的传播，最终商家既满足了消费者的购买欲，又满足了消费者的社交需求，帮助消费者打造“我是小资一族”“我追求潮流”“我为猫疯狂”的人设，成功实现变现。

◆求知心变现

（1）求知变现模型

求知变现指的是商家利用消费者对知识的渴求，输出知识性产品或服务，引导消费者做出购买行为，满足消费者对知识的诉求。求知变现模型如图所示。

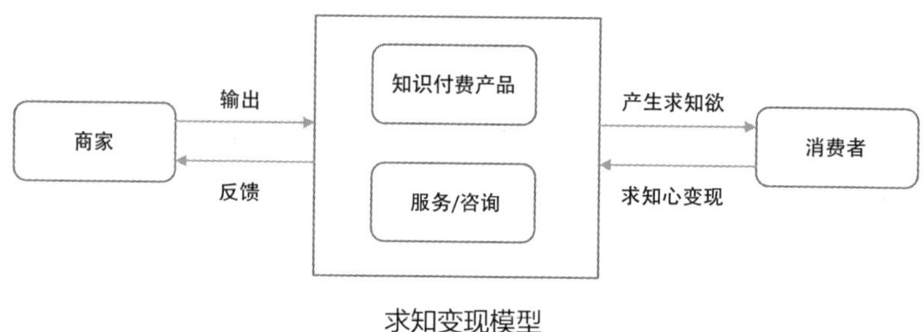

求知变现模型

（2）变现场景

场景1：知识焦虑。知识焦虑是触发消费者求知心理的重要原因：2018年，中国青年报社社会调查中心对2000多名受访者进行的一项调查显示，73.2%的受访者自称有“知识焦虑”，86.0%的受访者平时会主动“充电”学知识。知识付费平台及部分头部内容方的发展路径大致包括三个步骤：

步骤1：通过免费内容广泛获取用户关注；

步骤2：通过小额付费服务（如问答、听书等），筛选出具有潜在付费意愿的客户；

步骤3：满足付费用户从浅层焦虑到深度学习等不同层级的需求，形成阶梯式产品矩阵。

商家借助在私域内的运营，例如知识社群互动和一对一咨询服务，可以充分调动消费者“知识焦虑”情绪，帮助商家获取潜在用户的关注，为消费者进一步付费提供可能。

场景2：心理疗愈。“心理疗愈”类产品存在很大的市场需求和变现空间。据新华社《半月谈》报道，近几年，在各个占卜App、网站，注册的青年数量激增，以“水逆”为代表的占星术语红极一时。类似这样的产品，通过不断裂变积累到的精准用户，无论是在后续的成立公众号、转行变更项目，还是出售个人账号都能够获得巨大的变现价值，但仍存在客户隐私泄露、道德和法律上的诸多风险和弊端。

◆陪伴式变现

（1）陪伴变现模型

陪伴变现指的是商家利用消费者渴望陪伴、渴望消除孤独的情感需求，向其推荐一些产品，引导消费者购买的变现模式。陪伴变现模型如图所示。

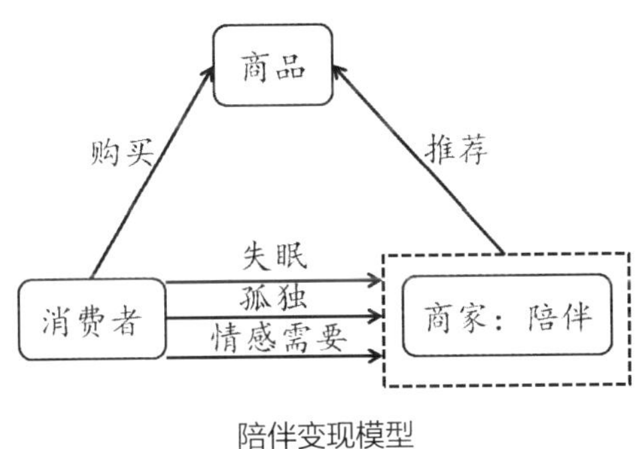

陪伴变现模型

（2）变现场景

陪伴式变现场景体现为“失眠”和“孤独”。根据世界卫生组织调查，全世界范围内约有三分之一的人存在失眠症状或睡眠功能障碍。美国失眠发生率为32%～50%，法国为30%，日本20%，中国高达38.2%。《2019国民健康洞察报告》显示，84%的“90后”睡不好，睡眠满意度仅6.6分，是所有受访群体中睡得最糟的。值得注意的是，Z世代人群在追求强烈的个性化的同时，也伴随着孤独，俗称“孤乐主义”的接班人。

当下的网络直播就是最为典型的陪伴式变现工具。首先，直播以“真人”的形象出现，人们可以从主播的一言一行中感受到“真实感”；其次，消费者直接与主播交流互动，无形中培养了朋友般的信任感；最后，陪伴所产生的信任感为引流创造了基础，主播在直播的过程中说出自己的手机号或微信个人帐号，可以顺利将公域内的流量引流到私域内，持续进行精准营销。

私域是以“人”为核心的领域，天然带有一定的社交性和私密性，这就决定了满足人的情感需求是成交的重要基础。商家可以抓住客户的情感需求，利用半熟人社交实现信任变现；契合懒人心理、兴趣爱好、薅羊毛的心理，投其所好，实现悦己变现；帮助消费者打造人设、圈子，达成认同感变现；输出知识型产品或服务，实现求知心变现；利用网络直播，达成陪伴式变现。以人为本，从调动人的情感，到激发购买欲，再至顾客最后的购买成交，形成了商业的闭环和流量的良性循环。

04 做私域电商，应该警惕什么

虽然私域电商可以帮助商家摆脱流量困境，降低运营成本，但私域电商的运营并非毫无门槛。企业在运营私域电商的过程中必须警惕一些陷阱，例如平台封号，私域流量的归属权不明，工具匮乏无法开展精细化运营，私域流量的维护成本持续攀升，内容同质化导致消费者视觉疲劳等，具体分析如下。

◆商家面临封号风险

商家个人的账号存在随时被封号的风险，私有化客户资产并不稳定。私域流量更多地搭载在微信平台上，微信自带的社交特性聚集了大量的灰黑产业交易，例如违法批量养号、买卖个人号进行洗钱诈骗等。

根据《2019年腾讯110数据报告》显示：2019年，腾讯110服务用户量已突破1亿，累计受理用户有效举报量3236万，协助公安抓捕1739人，涉案金额超3亿元。腾讯研发出一套反欺诈等领域领先智能算法，与黑灰产的对抗能力增强。

◆“私有化客户资产”的归属权风险

商家的私域流量池，是商家共有财产，不归属于个人。但一些中小私域电商商家，流量池内的客户往往由某个员工或运营人员负责维系。

以微信个人号举例，个人号最终是绑定在真实的“人”身上，而人是最不可控的因素，一旦出现人员变动，可能会带走客户资产，引发归属权争议或纠纷。例如，某公司为了沉淀私域流量，创建了多个微信群交由员工运营，久而久之，社群成员对群主形成了高度信任。当这名员工因故离职之后，社群成员也随之离开，给企业造成了巨大损失。为此，商家需要明确员工离职后的个人号交接制度，用制度明确利益分配。

◆工具匮乏，精细化运营难

“工欲善其事，必先利其器”，当下私域流量缺乏成熟的运营工具，给用户的精细化运营带来了一系列困难，具体体现在三个方面：

★客户批量化管理困难：客户数量越来越多，但目前没有出现合规且满足运营需要的工具，并且一旦批量化操作，很容易面临被封号的风险，同时会消耗私域电商个人号的“真人感”。

★客户状态难以实时把握：除了商家与客户实时沟通外，目前还没有技术能够自动识别客户状态的变化（例如从忠实客户变为沉默客户），人工工作量大。

★存在使用工具的法律风险：市面上大部分的工具，可以实现批量化发朋友圈、养号、私聊、组建社群等，但因为涉及了法律风险，商家不敢轻易尝试。

◆私域规模扩张，维护成本提高

若商家的私域流量池聚积到一定程度，商家需要大批量的手机设备和微信个人号，例如“花姐食养”品牌创始人、国际营养师——花姐，她使用了44部手机在维护近20万粉丝。特别是对于品牌方来说，客户基数巨大，若要做私域流量运营，所需投入会更加惊人。企业除了增加设备数之外，甚至需要将私域的个人化运营升级为组织化运营，成立专门的“私域部门”，配备专职员工，维护私域的成本大幅提升。

◆朋友圈同质化，消费者“视觉疲劳”

大量商家打造朋友圈人设，同质化竞争严重，消费者将产生“视觉疲劳”，产生集体抵触行为，朋友圈可能成为微信公众号之后另一个受到冷落的阵地。而对于深耕朋友圈的商家而言，要想在同质化竞争中脱颖而出，可以采取以下两种方法：

★寻求外部合作。朋友圈的竞争本质仍然是优质内容的竞争，商家可以借鉴短视频账号的运营玩法，寻求与外部公司的合作，共同生产优质内容，甚至将短视频内容向朋友圈转移，进行二次传播；

★形式创新。未来朋友圈的形式有可能以视频居多，甚至“微信直播”成为主流。

企业在开展私域电商运营的过程中，必须警惕上述五大陷阱，以免造成资源与人力的双重浪费，或者为他人做嫁衣。总而言之，私域电商运营是一个比较复杂的系统，涉及意识、产品、理念、策略、产品优化、用户管理等方方面面的内容，需要企业不断探索，在实践中总结经验与教训，建立自己的私域运营模式。

第三章
底层逻辑：私域电商的运营玩法

01 公域电商与私域电商的运营逻辑

在公域流量时代，商家、消费者在平台中的活动会受到一定的限制，这主要源自平台的强控制力，但随着平台获客成本的日益增长，这种强控制力正在逐渐下降。

无论是电商平台，还是企业和商家，都需要掌握公域电商与私域电商的运营逻辑，从中心化转向社交化和内容化，从流量获取到转化运营，应对电商成交额增长速度放缓这一局面。

◆电商平台：去中心化的发展趋势

传统电商如阿里巴巴、腾讯、百度、字节跳动、快手等是一种中心化的模式，在这种模式下，平台扮演着怎样的角色呢？

首先平台是一个支持品牌、商家、消费者交易和沟通的中心；其次平台是一个对流量、客户关系、交易数据等有较强控制力的控制基地，商家和消费者在平台中的活动都会受到一定程度的限制。

现阶段，传统中心化电商平台的流量成本正在逐年攀升，各大电商平台越来越难以掌控自身的流量。例如，阿里巴巴、京东等老牌的中心化电商平台，具有强大的实力和流量控制力，但即便如此，它们也不得不面对总成交额增长速度放缓的现实。

为了改变这种情况，这些中心化电商平台正在向着去中心化的方向发展，变得越来越社交化和内容化。通常会采取两种措施：一是通过合作、投资、收购等方式从微信、抖音、B站、小红书等社交平台获取流量；二是通过不断创新产品和模式，加强用户和商家的黏性，例如微淘、品牌号、有好货、哇哦视频、淘宝直播、京东直播、京东发现号等。

在经过新一轮的流量角逐后，有实力的头部企业将聚集更多流量。但对于实力偏弱的中小企业，情况则不容乐观。因此，为了更好地生存发展，中小企业更需要提前建立私域流量池。

◆公域流量和私域流量的运营逻辑

目前，现有的社交平台和电商平台存在两种形式的流量，即公域流量和私域流量。研究和分析这两种流量，找到它们之间的运营逻辑，是流量运营必不可少的环节。

在平台流量充沛时，公域流量通常是免费或低价的，而且这时的公域流量更容易转化为私域流量，所以品牌和商家要找准时机，以相对较低的成本转化更多流量。当然，有些商家自带私域流量，这些私域流量可能是从其他平台引入的，跟随商家进入了新平台，并在新平台沉淀下来，转变成了平台的公域流量。随着流量红利逐渐衰退，各大平台对公域流量的控制力不断提升，流量货币化的诉求持续加强，于是，公域流量的矛盾日益加剧，商家纷纷转到私域流量中开疆辟土，流量争夺战也正式拉开序幕。

对品牌和商家来说，私域流量是用户资产的一种沉淀，能够为其带来持久、稳定的经济利益。但只有将公域流量导入自己的平台才能真正构建私域流量池，例如将抖音、快手平台上的公域流量导入自己的微信群、公众号、个人号、企业微信等，这样的私域流量才能被自己掌控。品牌和商家想要将平台的公域流量转变成自己的私域流量，往往需要向平台支付一定的费用。

不可否认，私域流量也需要商家投入资本和精力进行运营，从中获取一定的价值。当然，相比于从公域流量获客，从私域流量获客的成本更低，而且能够直接转化，反复利用。品牌和商家需要通过各种福利手段持续吸引用户关注，逐渐建成和扩大私域流量池。只有当私域流量池足够大且稳定时，品牌和商家才能顺利地向用户推荐产品，拓展其他服务。

◆玩转公域流量和私域流量

公域流量和私域流量都有自己的特点和价值，那么商家应该如何玩转这两种流量呢？不同平台的流量具有不同的特点，因此，商家需要结合平台特点具体分析这两种流量。另外，不同的平台可能处于不同的发展阶段，它们在产品基因、用户体量、流量增速、在线时长、用户黏性和粉丝质量等方面可能存在明显差异，这些都会对私域流量运营产生影响。

一般来说，流量的中心化程度越低，其价值就越高；流量的阶层流动性越低，其价值就越高。根据流量的中心化程度和阶层流动性，可以将各流量平台分为四类：

- 中心化程度高、阶层流动性高的代表性平台有抖音、小红书等；
- 中心化程度高、阶层流动性低的代表性平台有淘宝、天猫、微博等；
- 中心化程度低、阶层流动性高的代表性平台有微信、快手等；
- 中心化程度低、阶层流动性低的代表性平台有B站等。

从信息获取、算法原则、信息传递、私域流量载体、营销工具等角度对微信、淘宝&天猫、抖音、快手等平台进行具体分析，分析结果如表所示。

平台分析	微　信	淘宝&天猫	抖　音	快　手
定位基因	社交	电商	强媒体，弱社区	强社区，弱社交
信息获取	社交分发	搜索为主	推荐为主	兼管关注与推荐
算法原则	时间顺序	基于关键词、销量等，效率为先	以用户体验为主爆款逻辑	公平原则

（续表）

平台分析	微　信	淘宝&天猫	抖　音	快　手
私域流量载体	微信群 朋友圈 公众号 企业微信等	微淘 哇哦视频 淘宝直播等	直播为主 短视频为辅 群聊首页 “关注”	直播为主 短视频为辅 群聊首页 “关注”
关注展示	首页“微信”订阅号	首页点击“微淘”	首页点击“关注”	首页点击“关注”
信息传递	聊天界面	通知栏提醒	通知栏提醒	通知栏提醒
营销工具	小程序 H5[1]	淘宝 天猫	抖音小店 品牌热DOU榜	快手小店 有赞商城

微信、淘宝 & 天猫、抖音、快手对比分析

目前，最理想的私域流量运营平台是微信。作为私域流量运营领域的“霸主”，微信是个人和企业必备的私域流量运营工具之一。快手作为一个去中心化的平台，在私域流量运营方面拥有较强实力，仅次于微信。另外，B站在私域流量运营方面也具备一定的潜力。目前，互联网市场中也有许多以公域流量为主的大平台，例如淘宝、微博、抖音等。如果这些平台能向用户开放更多控制权，同样有希望成为私域流量运营的主阵地。

1　H5，来自“HTML5”，是HTML的第五版标准，而在营销行业通常指用HTML5做的网页，广告的一种表现形式。

02 微信：社交流量的生态闭环

微信是一个强大的社交工具，它以高度去中心化的方式积累了规模庞大的流量，并利用社交纽带使流量之间形成了紧密连接。在此基础上，微信又利用公众号、视频号等增强了平台用户的黏性。

微信群和小程序是微信平台用来沉淀用户的两大工具。微信本身是一个强社交平台，用户之间存在着较强的社交关系。具体而言，微信群可以将这种强社交关系进一步拓展，让微信用户与次级用户建立起联系，使其变成一种广泛社交。对于微信小程序来说，其具有多种转化功能，能够促进内容、交易的转化，也能促进陌生人社交转化。

公域流量在微信平台主要有两个集中地：一是内容平台，包括公众号和视频号；二是个人朋友圈。个人朋友圈中的流量相对于平台和个人来说是不同的，它既是平台的公域流量，也是个人的私域流量。品牌和商家可以通过发布图文、短视频等免费内容吸引流量进入私域流量池；也可以通过创建新微信群、微信群加好友等方式获取私域流量。这些私域流量主要有两种呈现方式：一种是个人好友，另一种是公众号粉丝。

品牌和商家利用微信构建私域流量池，可以近距离地为消费者提供服务，让消费者在获得优质服务体验的同时与其他消费者互动交流。这样一来，新顾客就能通过老顾客的口碑对品牌产生更加深刻的认知，这种叠加式推广模式比企业花钱做广告的效果要好很多。如果对微信私域流量的构建路径进行细致划分，可以分为两种模式：一是公众号模式，二是个人微信模式。

◆公众号模式

微信公众号可以聚集巨大的流量，一个优质的微信公众号往往也是一个强大的流量入口。用户可以借助移动终端登录微信，通过关注的公众号获取各种信息，享受各种微信服务。微信公众号可以实现一对多精准营销，不仅能使品牌和产品信息直接触达用户，还能对各种信息和服务进行实时控制。企业、品牌、个体和组织等正是看中了微信公众号的这些优越性，所以才会开通微信公众号，用它来打造自己的私域流量池，维系自己的粉丝群体。

运用微信公众号构建私域流量的效果，有以下几个维度可以作为衡量标准：

★保证现有用户的复购率；

★实现销售转化，让用户进入“流量——浏览——裂变——转化——复购”这一销售漏斗；

★做到精准营销，最大化地增加销量；

★为用户提供操作便捷的功能支持；

★保证内容形式形成裂变，制造口碑传播引擎。

随着微信公众号的功能不断完善，微信公众号可以结合短视频、小程序、微商城、互动游戏、个人号等功能，裂变出更为丰富多样的形式，更精准、高效地吸纳流量。

◆个人微信模式

微商是一种生命力极强的社群模式，接受度很高，可以很容易完成流量转化与变现。每一个微商需要至少一个个人微信号，凭借个人微信号，他们可以拉近与消费者的距离，与消费者建立亲密关系。从营销角度看，一个个人微信号其实就是一个经营单位，它既代表着一个人、一个社群KOL，也代表着一家真正意义上的店铺以及一家店铺个人人际社交关系的总和。零售商只需要一个个人微信号就能搭建基本的商业闭环，完成引流、转化、复购和再推广等操作。由此可见，个人微信号是一个营销基点，可以帮助企业微零售和微分销体系实现稳定运行。

当然，品牌和商家也可以通过在微信平台投放广告获取流量，常见的广告投放方式有两种：第一种是通过腾讯设立的广告平台广点通投放广告；第二种是通过公众号后台的广告主功能投放广告。这两种投放方式都需要支付一定的费用。在购买广告之后，微信平台会在其他公众号和个人朋友圈曝光广告主的品牌信息、产品信息等，从而为广告主吸粉引流。这种方式可以将微信平台的公域流量引流至品牌、商家或个人的公众号，或者直接引入小程序完成转化与变现。

此外，现阶段，微信团队正在尝试开发直播平台，并希望将直播引入自己的流量体系。未来，个人号、公众号、小程序、直播将共同搭建微信私域流量体系。随着私域流量的玩法逐渐丰富，微信生态将更上一层楼。

利用微信将公域流量转化为私域流量，需要一定的运营逻辑。不过，这种运营逻辑并不复杂，可以被人们不断复制与利用。人们利用微信平台上的各种工具，不仅可以通过创作内容和社交关联进行免费推广，而且可以利用广告开展高效的付费推广。这两种推广方式针对不同的受众能够发挥同样的效果，即都能将平台公域流量转化为私域流量。对于资金实力雄厚的头部品牌和商家，可以选择通过付费广告获取私域流量；对于小微品牌和个人，可以选择微信自带的免费推广方式获取私域流量，例如：将微信群二维码插入自有微信公众号的文章中，将公众号粉丝引流到微信群；或者将微信群二维码发送到朋友圈，吸引朋友圈用户添加等。当然，这两种推广方式可以相互转化，运营者可以选择其中一种开展推广引流，也可以综合利用两种方式获取私域流量。

微信生态体系是一个开放的体系，随着微信与第三方服务平台深入合作，电商变现将变得越来越容易。为了保护用户安全，微信平台对一些外部链接和诱导式分享进行了封杀，这也在一定程度上限制了个别微商的运营。但是，商家可以通过微信中的小程序和第三方平台合作来搭建自己的商业闭环。

当下，为了破解流量困局与电商成交总额增速放缓的局面，一方面电商平台如淘宝、天猫、京东，正在向着去中心化的方向发展，变得越来越社交化和内容化；另一方面内容和社交平台如微信、抖音、快手等，也在积极构建起完善的商业模式和体系，完成流量变现的闭环。两者相辅相成，共同破解电商发展的困局，提高商业变现效率。

03 淘宝：直播带货与流量收割

淘宝是传统电商中的佼佼者，属于一个中心化的电商平台。淘宝平台对流量具有绝对的掌控权，可以根据用户的搜索行为为他们推荐商品，店铺收藏对用户购买决策的影响始终有限。当然，淘宝对私域流量也有涉足，主要通过微淘、有好货、淘宝头条、哇哦视频、淘宝直播等工具运营私域流量。其中，最重要的方式无疑是当前异常火爆的淘宝直播。

直播具有极强的互动性，主要通过获取用户“关注”来积累流量。淘宝直播平台的用户流量分散于各个直播间，每个直播间的主播都能对观看用户产生较强的影响。在社交性和娱乐性的直播平台，用户更倾向通过“看脸”“看才艺”给主播打赏，但淘宝直播这样的电商直播更强调“粉丝对主播的信任”，因此用户的黏性更强。

作为一个中心化的电商平台，淘宝将自身的业务与直播结合，看起来非常矛盾，实际却并非如此。淘宝通过建立直播平台打造了一个良好的私域流量池。不过，淘宝主站并不能向直播导流，其流量转化和变现在很大程度上取决于用户的搜索行为。因此，淘宝直播在发展初期一直处于“流量饥渴”状态。随着平台不断发展，淘宝直播的导流渠道逐渐完善，形成了以抖音、快手、微博、小红书、B站为主要成员的导流体系。

淘宝的私域流量主要通过直播来承载，其触达方式主要有两种：一种是通过淘宝App进入；另一种是直接通过淘宝直播App进入。淘宝直播一致强调用户“关注”，主要采用“瀑布流”的推荐方式来实现流量转化和变现，“私域流量”的运营空间相当庞大。

淘宝直播中既有达人直播，也存在着大量店铺直播。但是，无论从Top 100热度排名来看，还是从总成交额来看，达人直播都具有绝对优势，这也正好契合了直播的内容导向。将电商内容化可以提升流量转化，将内容电商化可以创造用户需求。店铺直播虽然在提升流量转化方面拥有较大的潜力，却很难通过持续创造直播内容来维系私域关系。

对不同的主播来说，利用直播开展私域运营往往会产生不同的价值：

- 主播是商家且有店铺：这种直播是淘宝和天猫最常用的

直播形式，能够对电商转化起到锦上添花的作用，但与原有的商业结构基本一致。

- 主播是达人且有店铺：淘宝的头部主播薇娅是这类主播的典型代表。淘宝平台在主站一般很少对这类主播进行流量扶持，因为这类主播本身拥有优质的供应链，可以通过直播更好地维系用户关系，是最具带货潜质的一类主播。

- 主播是达人且无店铺：带货达人李佳琦是这类主播的典型代表。这类主播可以通过推荐低价爆款产品来吸引粉丝，通过薄利多销创造营收，他们既能够“反哺”品牌商家，又能够给平台带来新用户，是目前主流直播群体之一。

淘宝直播有两大优势：一是效率，二是场景化。淘宝直播主要定位于购物场景，与其他平台相比，它的粉丝价值更高，主要表现为拥有较高的直播转化率和购买转化率等。淘宝直播可以促使主播、商家、用户、产品等实现无缝对接，还可以利用自身优质的供应链为直播达人提供商品保障。无论从转化效率来看，还是从电商场景来看，淘宝平台都是商家合作的首选。

04 抖音、快手：沉淀社交资产

作为富媒体（具有动画、声音、视频和交互性的信息传播方法）的一种表现形式，短视频的核心究竟是什么呢？这主要取决于其产品和内容生态，例如抖音是一个强媒体、弱社区的平台，而快手却是一个强社区、弱社交的平台。

抖音是先向用户“推荐”短视频内容，然后吸引用户“关注”；而快手在向用户“推荐”短视频内容的同时便启动了“关注”，实现了“推荐”和“关注”的协同。抖音和快手之所以会在“推荐”和“关注”方式上存在区别，主要是因为两者的流量机制存在较大的差异。

抖音和快手的算法与交互设计是相辅相成的，但由于两者的交互设计不同，致使两者的用户体验存在较大差异。用户在使用抖音时，只需要直接点击画面就能进入播放模式，在观看完推荐的短视频后，可以通过上下滚动进行切换，不需要过多地进行选择，在一定程度上削弱了用户改变的意愿，可以极大地提升用户黏性。

这种观看方式也是抖音App“附近板块”“关注板块”使用率较低的主要原因。而且在这种推荐模式下，抖音用户的注意力会更多地集中在头部用户生产的优质内容上，这也加剧了平台的中心化程度。

而快手主要有三种交互方式，分别是“发现”“关注”“同城”，而且所有交互方式均采用“瀑布流”模式。当然，如果用户有需要，也可以通过手动设定将推荐模式改为大屏模式。在快手刷短视频，用户需要自己挑选喜欢的内容，选择空间更大。由于算法机制存在差异，相较于抖音来说，快手内容优质的密度相对较小，“关注”“同城”的使用频率却更高。

从定位来看，抖音更适合“滚动播放”模式，快手更适合“瀑布流”模式。快手的“社交属性”更加明显，空间更加广阔，这主要取决于其“瀑布流”模式和公平的算法推荐。快手是一个非常重视用户关系的平台，已经形成了相对成熟的私域流量生态；而抖音是一个更喜欢掌握流量的平台，私域流量生态的构建正处在探索阶段。

在短视频领域，平台算法对短视频触达用户起到了一定的限制，私域流量的载体不仅仅是短视频，还包括直播。快手平台同样如此，其推出的群聊功能将进一步强化私域流量运营，具有较大的开发潜力。

抖音一直坚持平台流量逻辑，更倾向于掌控平台流量。用户想要观看快手直播，只需要点击“关注”按钮下方第一行第一个“作品”即可进入主播的直播间。抖音提供的群聊功能只限于互相关注的用户，而快手提供的群聊功能不限制用户关系，更有利于维护粉丝关系。

抖音、快手在用户黏性、使用时长、留存率等方面与QQ非常相似。一方面预示着短视频平台与QQ拥有相似的用户“天花板”；另一方面也表明抖音、快手有望进一步加强自身的社交属性，更有利于私域流量运营。

抖音、快手在直播带货刚刚兴起时就打通了与第三方电商平台之间的连接，包括淘宝、天猫、京东等。借助这些通道，抖音可以帮助内容创作者按照销售付费方式抽取佣金。不过，抖音很快就开始布局自营电商，对网红带货的限制有所增加，例如抖音在一定程度上限制用户带货视频的数量，或者要求商品链接必须先跳转至平台信息流界面再进行其他跳转等。快手也不甘落后，持续加强自身建设，陆续开发了有赞等SaaS产品。

从短期看，抖音、快手这类的新晋电商平台或内容平台，不可能在短时间内完全复制成熟的中心化电商平台，如淘宝、京东。这是因为后者拥有三大难以复制的要素：一是完善的货架结构；二是根深蒂固的用户习惯；三是良好的履约系统，这些都不可能在短期内复制。不过，从长远看，自建私域电商体系是每个电商平台或内容平台做大做强的必然选择。

第四章
营销增长：实现品牌裂变与转化

01 私域营销：重构品牌传播链路

在移动互联网时代，流量红利正在由盛转衰。面对流量红利可能消失的危机，品牌方需要重新调整营销策略迎战未来。目前，品牌方之间的流量争夺战已经转移了阵地，原来增量竞争的打法已经过时，逐渐转变为存量竞争。

在这样的背景下，私域流量运营走上了历史舞台。过去，品牌方喜欢通过在大众媒体投放广告来进行品牌宣传，但是在现在的营销环境中，这种营销模式显现出一定的不适应性。因为目前的营销环境正在从中心化向着碎片化方向发展。

在碎片化时代，中心化的大众媒体越来越难以触及用户，更不用说建立用户信任了。这种情况使得许多媒体开始向着去中心化的方向转变，不少去中心化媒体逐渐兴起。对于去中心化的媒体来说，私域流量无疑是最便捷的用户触达渠道，受到了越来越多的重视。但如果只是将私域流量看作一个概念，那么便有失偏颇了。从更深层的角度来看，私域流量的日益火爆与其背后的品牌营销逻辑密不可分，它代表着传统品牌营销思维向新型品牌营销思维的转变。

对未来的品牌营销来说，传统的流量思维不再适用，成功的营销更倾向从用户立场出发考虑问题。未来的品牌营销不再是围绕品牌或产品来进行品牌传播和运营，而是围绕用户需求来开展营销活动，最能体现这一点的莫过于消费品行业。目前，不少消费品牌已经开始利用用户思维开展营销活动，例如集中发力DTC[1]模式，向C2M[2]生产模式转变等。

◆私域营销：缩短品牌与用户的传播触达链路

私域流量营销其实就是对用户开展精细化运营。具体来说，就是品牌商将精力和心思放在老客户身上，引导他们消费、复购和推荐，而不再将注意力集中在如何获取新客户上。

对品牌方来说，“私域流量”的兴起是一场难得的机遇，具体表现在以下三个方面：

- 围绕私域流量可以建立一个良好的商业模型。建立私域流量池可以提升客户转化率，增加老顾客的复购率，引导用户对品牌进行推荐，提高用户的终身价值，促进产品销售。

1 DTC（Direct To Consumer）营销是指直接面对消费者的营销模式，优势主要体现在更接近消费者，更关注消费行为的研究，更重视消费者生活形态的把握。

2 C2M（Customer-to-Manufacturer）是一种新型的工业互联网电子商务的商业模式，又被称为“短路经济”。

● 私域流量有助于营销投放。在私域流量池中，用户对产品和品牌的黏性更高，也更加信任，不仅可以大幅降低获客成本，还可以有效提升投资回报率。

● 私域流量有利于用户管理。私域流量运营主要围绕用户需求开展精细化运营，强调与用户的日常互动，维护用户关系，这能够促进用户对品牌的了解、认可和信任，有利于培养忠实用户，实现持续转化。

从行业角度来看，私域流量至少可以带来三大好处：

第一，它能使品牌和产品快速触达用户，大大缩短传播链路；

第二，它能够形成营销闭环，有效提升整体的营销效率；

第三，它构建了许多新型营销模式，加快了行业的迭代升级。

由私域流量运营衍生出来的社群零售模式在最近几年异常火爆，催生了完美日记、稚优泉、花西子、纽西之谜、HFP等一系列具有代表性的新零售品牌。

◆品牌方该如何看待私域流量

（1）不可忽略战术与品牌战略的关系

在私域流量时代，如果品牌商不能充分理解私域流量，很难在营销过程中获得成功。发红包、发福利的方式或许能在短期内吸引用户，却无法持续实现流量转化。只有深刻理解落地战术和品牌战略之间的关系，围绕用户需求进行深耕细作，才能使品牌营销立于不败之地。

品牌商要将品牌战略和私域流量战术相结合，在品牌战略的主导下，推动引导获客和提升转化的战术落地。在品牌发展的不同阶段，品牌的战略规划也存在一定的区别，不同的战略规划会催生不同的战略打法。

如果品牌处于起步阶段，那么其战略重心在于获客，工作重点是快速赢得用户信任。这就需要品牌方找到私域流量中的KOL或KOC，利用他们的影响力为品牌作宣传。

如果品牌处于成熟阶段，那么其战略重心在于打破圈层，工作重点是提升老顾客对产品的复购率，例如通过产品联名帮助自己出圈，提升品牌口碑，收获其他领域的流量。但是，这种营销方式难以通过私域流量实现复购。

因此，品牌商首先要明确自己的战略，然后根据战略拆解出相应的战术，接着形成清晰的作战地图和作战路线，最后根据战略目标进行排兵布阵。在排兵布阵阶段，最终目的是挑选出合适的人才，委以重任，搭建起私域流量体系。

（2）不可忽略组织能力与资源协调的协同

私域流量体系的搭建需要多部门协作，其中最重要的三大部门是市场部门、零售部门和电商部门，其次还需要客服、物流等部门从旁协助。品牌方需要考虑各部门的组织能力和资源协调能力，在这些部门中选出一个主导部门来牵头，设定各部门的分工和工作流程。

在这个过程中，品牌方需要认真评估，为私域流量体系的构建做好准备。具体来看，组织能力与资源协调能力评估需要考虑以下内容：

- 组织能力：考虑现有员工是否具备学习能力、执行能力、适应能力等与组织能力相关的各种能力。私域流量运营需要不断学习，对于从未接触过这项工作的员工来说，需要通过学习掌握私域流量的基本玩法。同时，员工也需要在项目执行时有效把控其中的关键点；在未达成最终目标时要能面对和适应压力，并进行复盘，快速调整私域流量的战术打法。

- 资源协调能力：相关部门要充分考虑利益分配问题，例如：如何合理制订市场、零售、电商的分工和考核指标；如何统筹引流、促活、转化和传播；如何在直播前激励门店导购，提高他们转发朋友圈的积极性等。

品牌方不能只是站在竞争品牌的背后一味地模仿和复制其营销手段，而应该站在全局角度对私域流量体系进行统筹思考，形成清晰的布局。只有这样，品牌方才能不断扩大与竞争品牌的差距，在激烈的市场竞争中取得成功。

02 私域流量时代的品牌IP营销

在碎片化品牌传播环境中，流量和渠道都处于分散状态，品牌传播越来越艰难。在这种情况下，每个品牌都不得不思考这样一个问题——如何才能有效地传播品牌和触达用户？

“私域流量”的兴起使得低成本复用型营销策略成为品牌营销的主策略，于是各大品牌商纷纷开始搭建自己的流量体系，以求获得持续稳定的品牌传播和用户触达。而品牌商所推崇的“私域流量”其实就是一种可供商家完全支配的流量池。

◆互联网时代品牌传播的痛点

在互联网传播过程中，品牌面临着传播“孤岛效应”、传播短期化、传播效果转化困难三大痛点。

（1）传播“孤岛效应”

随着移动互联网和社会媒体不断发展，传播环境变得越来越碎片化。在目前的传播环境中，要找到覆盖全网的媒体渠道简直难于登天，未来的传播方式将变得千人千面，这种情况使得品牌竞争不断加剧，品牌传播越来越“战役化”。

品牌商为了维持和制造整体“声量”，不得不采取密集的节点式推广方式。但是这种传播往往会产生“孤岛效应”，无法使各个营销动作形成合力来强化品牌价值。

（2）传播短期化

在碎片化媒体环境中，品牌方不得不通过节点式传播来宣传品牌。节点式传播体现的是一种“短平快”的营销思路，这种营销思路会使品牌过于注重短期的营销效果，而忽略稳定、持续的流量传播。这样一来，一旦推广节点消失，品牌的流量就会呈现断崖式下跌，想要进行下一波推广就必须重新购买流量和搭建流量池。

（3）传播效果转化困难

品牌营销的目的是卖货，电商品牌营销亦是如此。对品牌方来说，营销过程中最大的挑战是品效合一。通过在电商平台发布广告进行品牌营销，很难实现高效的销售转化，而且纯粹的广告往往不容易获得用户认同。因此，如何平衡品效问题成了品牌营销的重中之重。

◆私域流量时代的品牌IP营销法则

为了攻克品牌营销的三大痛点，建议品牌方采用可持续、可延展、可转化的营销策略。

（1）让传播可持续

要让传播可持续，就需要提高传播符号的复用性。为了构建可持续性传播，品牌商可以采取“三步走”策略。下面我们以知名婴幼儿营养品品牌美赞臣为例，具体分析品牌持续传播的策略。

步骤 1：传播IP符号化。品牌商需要打造一个独一无二的传播IP，使IP变成品牌的一种符号，为品牌塑造一个统一的传播出口，将各个阶段的传播行为集中于一点，形成营销合力。另外，IP本身也会积累一定的流量。如果品牌在后续的推广中可以有效利用这些流量，往往会起到意想不到的宣传效果。

2019年，美赞臣借助京东推出的“海囤亲子趴”活动，以“海囤亲子趴，带上宝贝一起玩！”为主题，从出行、感恩母亲、父亲陪伴、亲子告白、运动、音乐、娱乐七大生活场景切入，于2019年3月～12月开展内容全域营销活动，成功打造了一个时尚IP，并利用这一IP完成了营销造势，成功激起了家长与孩子的兴趣，吸引他们积极参与到活动之中。

在“618”期间，美赞臣与京东联合打造“京婴运动会”，借助“双微一抖”内容营销平台，以多元场景同步发布内容，获得了近4000万的曝光。据统计，仅让萌娃带产品出镜这一项操作，就让品牌在抖音平台获得223.7万的曝光。再加上达人在评论区的评论引导，让抖音平台与京东平台实现流通互动，流量直接转化为电商流量。

步骤 2：IP内容丰富化。提出一个IP概念很简单，但打造一个IP却不容易。IP的价值是由内容支撑起来的，内容的丰富度与传播性至关重要。

借助京东“海囤亲子趴”全球IP，美赞臣实现了有效推广。在此过程中，美赞臣进一步深化了IP概念，并通过多元化的内容丰富了IP的内涵，例如五月“感恩母亲趴”、六月“父亲育儿趴”“海囤全球告白记亲子趴”主题活动等，提高了IP的传播性。美赞臣通过在朋友圈、公众号、抖音等平台制造和推广爆款内容，吸引了大批用户关注，引入了大额流量，并产生了短期和长期的营销影响。

美赞臣非常注重持续深化推广自己的IP。美赞臣通过不同的主题进行营销策划，分阶段推进自己的营销策略，并从日常生活场景切入，不断丰富客户的内容体验。另外，在与京东共同打造IP营销活动的过程中，美赞臣持续强化自己的品牌印记，不断提升用户的好感度。

步骤3：娱乐化营销。娱乐性的内容可以快速吸引用户关注，达到引流目的。因此，如果能将品牌价值通过娱乐性的内容表现出来，往往能够快速、有效地实现品牌宣传，吸引用户关注，促进转化。美赞臣利用“海囤亲子趴”IP推广自身品牌，最关键的策略就是制造和发布娱乐性的内容。

美赞臣与抖音合作，通过抖音App投放了多种KOL原生广告和信息流广告，将品牌信息精准推向母婴用户群体。其中，KOL原生广告将美赞臣的产品功能、优惠活动等信息内容融入趣味问答场景，实现了高效的输出推广和产品的“种草”和“拔草”。

（2）让传播可延展

品牌传播需要多方支持才能起到更好的效果，无论知名品牌还是初创品牌都很难以一己之力做好品牌传播。有基于此，美赞臣采用了IP符号传播策略，利用IP主题概念不断对外扩散品牌影响力，聚集了一大批推广势力参与到其IP营销中。具体来说，这种营销策略可以分为以下两点：

★向外延展，扩散势能。

企业想要扩大IP内容的影响力，实现IP宣传效果的最大化，一方面要借助平台资源，实现横向平台的延展合作；另一方面要纵向挖掘IP内容的价值，实现站内深度配合。

总之，就是要全方位地扩大品牌影响力。品牌在利用电商平台推广宣传时，要通过创造优质内容、利用站内跨频道合作有效曝光产品，同时也要借助微信、微博等站外平台拓展流量入口，进一步提高产品曝光量，打造矩阵式传播闭环。

★向内延展，深度营销。

品牌传播需要不断深化内容，不能将IP营销停留于表面。在京东“海囤亲子趴”全球活动中，美赞臣通过在不同时间点发布不同主题的内容，成功塑造了自身IP。例如，美赞臣将品牌理念覆盖到七种常见的亲子生活场景中，不断输出个性化内容，持续深化和传播品牌价值。

（3）让传播可转化

无论什么类型的品牌推广，其最终目标都是销售转化。但是，目前的品牌营销手段更倾向于品牌价值输出，缺乏产品销售转化方面的内容。那么，品牌商如何兼顾品牌价值输出和产品销售转化呢？为了解决这个问题，品牌商可以尝试采取以下两种方法：

★场景化营销。

通过KOL种草是目前电商营销最常用的手段之一。传统种草营销更注重产品参数的对比，营销效果有限，想要实现快速转化，还需要将种草营销深入到产品的使用场景中去。例如，KOL的营销内容最好不要使用推荐模式来“种草”和“拔草”，而应该深入到日常生活场景中，利用场景需要激发用户需求，最终实现用户转化。

★利益化提示。

创造者在制作营销内容时要尽量在最后部分强调利益点，利用强提示将产品的满减、优惠等信息告诉用户，促进用户转化。例如，品牌商可以将促销信息添加在营销内容的尾部，这样一来，既可以实现跨平台引流，又可以促进产品销售。通过利益化提示可以激发用户的购买欲，有效缩短用户购买产品的决策时间，实现快速“种草”和“拔草”。

03 品牌商私域转化的三种方法

流量只有转化变现才能体现出自身的价值，因此，品牌商在搭建私域流量池，吸引、沉淀了一定规模的流量之后，必须寻求转化变现的方法，让这些流量释放出购买力，为自己带来实实在在的收益。具体来看，品牌商私域流量转化可以采用以下三种方法：

◆方法一：低价引流，高价转化模型

适用范围：零售电商行业，高单价产品。

以中高端美妆品牌为例，品牌商可以组织一场“免费试用”活动，通过“派样机”免费向用户发放美妆小样，吸引用户领取试用，从而达到吸引潜在用户的目的。

需要注意的是，免费的美妆小样不能无门槛派送，需要设定一定的条件限制，例如让用户在“派样机”上输入手机号码和验证码来申请领取，或关注微信公众号后免费领取。这样一来，品牌商就能通过较低的价格将用户吸引到品牌的私域流量池中。之后，品牌商只需要借助限时优惠、积分兑换、下单返现等方式促进用户下单，便能快速完成产品转化。

另外，品牌商还可以借助社群营销提高用户的活跃度，例如利用互动小游戏吸引用户每天在社群中打卡。互动小游戏的设置需要讲究一定的技巧，例如在用户每完成一项打卡任务后给予一定的奖励，奖励可以是品类满减券、试用品小样等。

在吸引了足够多的用户后，还可以结合裂变机制，鼓励老用户推荐带来新用户。对于带来新用户的老用户，品牌要给予一定的奖励，例如无门槛优惠券、满减优惠券等，促进老用户下单购买产品，一举两得。

◆方法二：导购销售裂变模型

适用范围：销售渠道丰富的零售门店，高消费品。

以母婴用品零售门店为例。一般来说，母婴店通常会采用导购员推荐的方式来触达用户和实现销售，例如通过砍价、拼团、分销等方式吸引用户下单。导购员每成功促成一笔交易就能抽取一定比例的佣金。用户下单越多，导购的佣金也就越多。不仅如此，随着成交额不断提升，转化的用户越来越多，导购员的等级及其享受的佣金率也会不断提升。

另外，母婴零售店分佣体系可以尽量丰富一些，例如导购员通过给用户发放优惠券促使其完成首次下单，用户下单后，导购员可以获得一定比例的佣金，如果用户再次使用优惠券下单，导购员可以继续获得佣金。这样一来，导购员会更加积极地持续跟进并服务用户，提高用户复购率。

◆方法三：红包激励裂变模型

适用范围：普适性强、高复购的产品。

生鲜电商或日化类快消品电商可以采用“红包激励+裂变邀请”的方式从私域流量中获取目标用户。用户邀请的人数越多，裂变的次数也越多，邀请者收到的红包也越多，而以红包作为后续购买商品的抵用金可以持续提升复购率。

裂变邀请机制需要借助个人号、公众号、社群等渠道触达用户。所以，如果品牌能充分发挥这些渠道的作用，就能以存量带动增量，实现低成本获客，大大提高整体的投资回报率。例如，品牌商在开展快消品促销时，经常借助个人号、公众号、社群等渠道低成本获取流量，实现转化购买，这既能营造热烈的促销氛围，又能促使促销活动广泛传播。

结合新思路不断优化上述三种方法，往往能够衍生出更多的私域流量转化方法。品牌商要根据自身情况，例如充分考虑自身在预算、选品、定价和供应链等方面的资源与限制，设计合理的私域流量转化模型。在此方面，品牌商不能一味地复制和模仿其他电商的私域流量转化模式，要避免盲从，以免造成不必要的损失。

品牌商应该如何搭建适合自己的私域流量体系呢？这就需要注意以下四个方面：

- 品牌商在实行流量转化之前要制订合适的线上策略，例如可以根据用户需求和用户对产品价格的敏感程度来设计引流场景、获客路径和推荐话术等；
- 品牌商要充分梳理自己的线上政策和服务，提高整体组织能力和资源协调能力，进一步拓展私域流量体系的发展空间；
- 品牌商要明确各部门拉新、转化的分工和激励机制，提高全员参与私域流量体系搭建的积极性；
- 品牌商要不断优化自身内容，持续创新玩法，让产品最大限度地赢得用户信任和喜爱，促使私域流量体系实现持续、高效转化。

总之，品牌商要尽量拉近与用户的距离，不断挖掘私域流量中的潜在用户，这样才能使品牌更好地成长与发展。

【案例】完美日记VS阿芙精油

目前，私域流量红利还没有消失，学习并掌握私域流量营销方法论可以为品牌带来更多可能。从以往的成功案例看，私域流量营销已经帮助许多新兴品牌完成了蜕变。同时，在这种营销方法的引导下，将有更多国产品牌与国际对手一决高下，甚至实现弯道超车。对于商家来说，紧抓私域流量的机遇，将可能成就自己。

下面我们通过两个经典案例对私域流量营销进行分析，它们分别是完美日记和阿芙精油。

◆完美日记：公私合营、手自一体

完美日记的成功主要源自两方面的原因：

（1）完美日记抓住了渠道红利

在较早之前，小红书平台的商业营销价值还没有充分体现出来，各大品牌也没有意识到这一渠道红利，但完美日记却看到了它的价值。完美日记在小红书平台投放了大量广告，并通过腰部KOC推广获取了大量低成本流量。

（2）完美日记实现了私域流量的精细化运营

完美日记十分注重对个人微信号、社区等领域的布局，一方面将获取的流量进行深度沉淀，另一方面对私域流量进行精细化运营，最终成功实现了私域流量营销。

在整个过程中，完美日记主要采用了以下三大策略：

● 扩大公域影响力。完美日记通过在各大社交平台“种草”营销，扩大了在公域流量中的影响力；通过优质的“种草”内容吸引了足够多的流量，刺激了用户转化。

● 打造微信流量池。完美日记的消费者可以通过添加名为“小完子”的个人微信，进入对方的朋友圈，获悉品牌活动及动态。“小完子”是品牌的服务人员和KOC宣传人员，他们会将用户拉入一个统一的微信群——“小完子玩美研究所”，并在群内代表品牌与用户进行互动。

● 引流用户销售转化。完美日记通过私域流量运营获得了大量用户，这些用户被引入完美日记的小程序、电商平台和线下门店，成功变现。同时，完美日记还通过各种运营活动不断进行裂变拉新，形成了自己的流量和商业闭环。

完美日记没有太复杂的私域流量营销逻辑，只是构建了一个完整的营销闭环，将社区和微信号运营当作重点，最终取得了成功。完美日记打破了传统品牌营销人员不擅长的领域，利用自动化工具和人工等方式在社区和微信号上实现了私域流量的精细化运营。其他品牌在复制完美日记的营销方法时，必须注意其日常执行的各种细节。

◆阿芙精油：门店+社群+直销三合一

完美日记是从线上“破局”，然后再建设线下门店，这是互联网化新零售的战术打法。阿芙精油的主要销售渠道在线下，其营销是从线下发展到线上，因此，其私域流量模式对大多数品牌商更具参考性。

阿芙精油以线下门店为依托，将门店自带的流量引到线上，进行私域流量沉淀，并从多个维度对用户进行触达，最终实现了品效合一。在这个过程中，阿芙精油主要采用了以下三大策略：

- 将门店流量引至线上。阿芙精油的门店聚集了一部分线下客户，导购员通过引导用户加入门店微信群和关注品牌公众号的方式将流量从线下引到了线上。在这个环节，最关键的一步就是制订激励政策以刺激门店导购员引流的积极性。
- 沉淀私域流量池。利用公众号、微信群进行流量沉淀，通过优惠、促销等方式引导用户参与品牌微信的群互动，查看KOC朋友圈发布的各种品牌信息，此外还可以通过秒杀、礼品、代金券等常见方式拓展私域流量的运营空间。
- 通过裂变拉新不断转化。阿芙精油通过裂变营销激活了私域流量池，促使用户不断为品牌拉新，然后再通过优惠活动将流量引至线下门店，最终形成一个流量闭环。

在私域流量营销方面，阿芙精油与完美日记的最大区别就在于阿芙精油的初始流量成本更高，不过这部分过高的成本会以门店租金的形式清算。通过运营这部分私域流量，阿芙精油可以持续刺激用户复购，同时也打破了线下单一的用户场景，为线上线下的流量互通创造了良好的条件。

私域流量虽然不是品牌营销的核心杠杆，却可以大幅提高品牌营销的效率，如果配合社交媒体传播，它会成为用户沉淀和复购的重要收口。

总之，在存量竞争时代，用户的获取成本不断攀升，传统的营销方式已经显得乏力，再加上用户被众多碎片化媒体吸引，注意力比较分散，寻找新的营销方式已经成为品牌运营的重要课题。而在此过程中，如何找到低成本的获客方式成为品牌营销的关键。具体而言，品牌商需要重构品牌的传播链路、掌握品牌IP营销法则以及私域转化的方法，继而释放出私域流量中的强大购买力。

第二部分　掌握私域运营

第五章
运营路径：提升客户的终身价值

01 重新定义与客户的关系

“私域流量”爆发的背后是移动互联网时代企业经营理念的改变。过去，企业经营管理秉持的是“流量思维”，以流量为重。现在，企业经营管理开始推崇“用户思维”，不断提升客户终身价值（Life Time Value，LTV）。

从本质上看，私域流量运营正是建立在存量用户基础上的精细化用户运营。因此，企业在转变为“用户思维”的同时，也一定要具备“运营思维”，摒弃传统的B2C思维，重新定义与客户的关系——将买卖关系转变为朋友关系，只有这样才能更好地创建私域流量池。具体来看，企业需要做好以下四点。

◆有效的用户分层

私域流量的本质是对用户的精细化运营。因为私域流量池沉淀的是认可品牌、愿意主动靠近品牌的用户，而非所有用户。私域流量池可以看作一个私人宴会，主人会邀请认可自己、对自己有长期价值之人参与其中。企业也是如此，只有愿意靠近企业，对企业有长期价值的用户才有可能成为私域流量运营的目标用户。因此，企业在构建私域流量池的过程中必须先明确目标用户群体，沉淀老用户和潜在目标用户。

在对用户开展精细化运营之前，企业必须先对用户进行定位与分层，然后面向不同的用户群体制定不同的运营策略。私域流量运营要聚焦目标用户群体的需求，从基本属性、用户偏好、行为属性和商业属性四个维度对用户进行画像，精准定位其需求（如下图）。在运营过程中，运营人员要根据企业价值导向对目标用户群体进行调整。

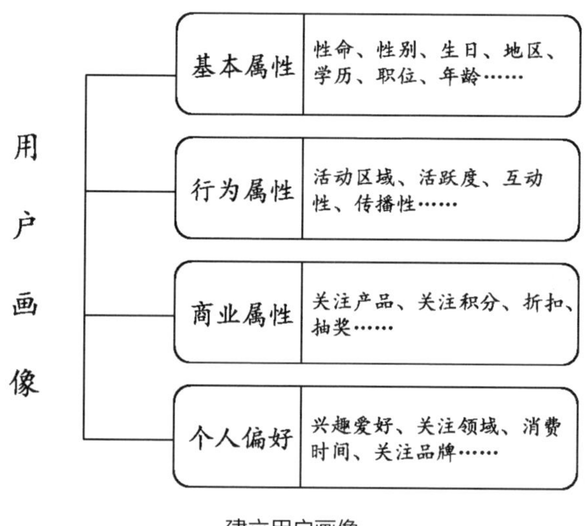

建立用户画像

◆打造称职的KOC

企业想要完成私域流量转化，必须与用户建立信任关系，在这个过程中有一个非常重要的环节，就是KOC的打造。KOC打造并非朝夕之事，需要一定的经营周期，秉持科学的经营逻辑。

KOC是与KOL相对的一个概念。KOL很容易凭借个人影响力对受众的消费理念产生引导，KOC也能发挥类似的作用。一个称职的KOC会站在用户角度向用户推荐产品，提醒用户一些注意事项，与用户建立友谊，形成高度信任，进而激发用户的购买行为。

例如，美康粉黛在小红书培养了一批KOC，这些KOC大部分是美妆达人，有些会直接在文字部分说明自己使用的是美康粉黛的哪款产品，吸引粉丝购买；有些不会直接说明产品来源，而是会以妆容效果吸引粉丝在评论区追问，然后做出回复。无论哪种类型的KOC，都为美康粉黛带来了源源不断的客户流量。

称职的KOC不会一味地发布软广告，生硬地向用户推销产品，其发布的内容多为生活感悟、经验技巧、心灵鸡汤、逸闻趣事等，有趣、有深度，可以带给用户一些价值与思考。所以，对于从事私域流量运营的KOC来说，情感价值输出是一门必修课。

◆构建WCRM体系

WCRM是CRM（Customer Relationship Management，客户关系管理）

体系的延伸，指的是基于微信生态的私域流量运营。

在私域流量运营过程中，企业要根据自己经营的产品制订一套独具特色的客服体系，包括话术、日常问答、关键词等，其中话术要灵活多变，让对方感知到自己是一个有思想、有灵魂的人，而不是冷冰冰的机器。总之，在私域流量运营过程中，CRM不仅要具备为用户解答疑惑的能力，还要活泼有趣，与用户积极互动，吸引用户参与到话题讨论中来。

◆尝试多种玩法

在构建私域流量池的过程中，企业可以利用用户数据尽可能多地尝试一些玩法，例如电商直播、设计有趣的文案、策划节日活动、打包促销、满减等。

对于不同类型的客户，企业要采用不同的玩法，例如：对于注重性价比的客户，企业可以向其强调满减活动的实惠；对于注重体验的客户，企业要重点宣传消费细节。为了保证成交转化效果，小品牌或者初创品牌可以尝试一对一传播。

在私域范围内，流量的核心价值主要表现为用户的可数据化，企业可以根据数据做出理性决策。对于企业来说，在私域流量运营的过程中可以大胆地尝试一些新玩法，例如跨界、联名、限量等，只要不引起用户反感即可。

02 私域流量的三个价值要素

对于电商类的企业来说，有一个通用的公式：营收=流量×转化率×客单价×复购率。私域流量就是对转化率、客单价、复购率三要素进行优化，不断提升客户终身价值。

客户终身价值指的是每个购买者在未来可能为企业带来的收益总和。在私域流量池中，企业可以多次免费触及用户，通过内容运营、IP打造等方式让用户对所推荐的产品或服务产生兴趣，刺激用户重复购买、主动分享，提升用户的终身价值。在这种运营模式下，即便企业的用户数量保持不变，所获营收也可以翻倍。

具体来看，对于企业、品牌、商家来说，私域流量可以为其带来诸多价值，充分释放这些价值，可以从转化率、客单价、复购率三要素入手。

◆转化率：数据可被复用，利用效率高

在公域流量中，企业和客户的连接短暂且脆弱，交易结束，连接也就随之中断。另外，企业每次与客户连接都要支付一定的费用，获客成本较高。而在私域流量内，企业无须为每一次获客支付费用，可以重复利用客户资源。不仅获客成本较低，而且可以对客户进行集中管理，开展精准营销。通过私域流量运营，企业可以在潜在目标客户心目中树立良好的形象，增进潜在客户与老客户的交流，增强潜在顾客对品牌的认可。

以小米论坛为例，小米论坛主打“米粉”文化，鼓励小米粉丝、用户在此交流手机使用心得，参与品牌发布的活动，获取小米的最新动态等。对于小米的潜在客户来说，通过查看论坛消息，与小米粉丝交流互动，可以对小米产生更深入的了解。相较于品牌方的广告宣传来说，老用户的评价更可信，更容易让潜在客户对品牌产生认同。

企业的产品与服务获得客户认可之后，很有可能刺激客户主动传播分享，推荐周围的亲朋好友一同购买，通过“老带新”为企业带来新客户，实现客户的裂变增长。这样一来，根据“二八法则”，企业只需要集中资源与精力为那20%可以创造80%收入的客户服务即可，营销效率、新用户转化率、整体ROI（Return on Investment，投资回报率）都可以得到大幅提升。

◆客单价：建立信任度，提升客单价

企业想要提升客单价，不仅要在产品方面下功夫，例如提升产品质量，打造产品组合等，还有一个更重要的逻辑，就是从需求流量变成信任流量。对于企业来说，运营私域流量是提升客户信任的一大利器，提升客户对企业、品牌的信任又是提升客单价的重要基础。

通过运营私域流量，企业可以与客户建立更密切的连接，以产品为基点进行延展，创新营销方式，开展二次营销或多元化营销。只要输出的内容不会引起客户厌烦，就能对产品销售产生积极的促进作用。

在运营私域流量的过程中，企业要与客户频繁互动，积累一些更精准的数据，例如购物频次、购物偏好、可以接受的价格区间等。企业可

以根据这些数据为用户建立一些个性化的消费标签，有针对性地为客户推荐产品或服务，满足客户的个性化需求，带给客户超乎想象的、极致的消费体验。

例如，莫女士在某家服装店购买了一套服装，款式简单、风格大气，服装均价不超过300元。根据莫女士的消费记录以及导购与莫女士聊天时获取的信息，门店为莫女士建立了一些个性化的标签，例如价格区间200～300元，颜色偏冷，风格简约等。在莫女士再次前来消费的时候，导购非常有针对性地向莫女士推荐了一些单品，深受莫女士的喜爱。

在私域流量池中，企业占据着主导地位，数据的可获得性让企业与用户的配合变得更加默契。随着用户数据越来越多，企业可以利用这些数据构建自己的用户圈层，让产品信息精准地触及用户，使营销效率和效果得以大幅提升。

◆复购率：唤醒老客户，提升复购率

通过私域流量的运营，可以更好地留住用户，唤醒老用户，将用户流失率降到最低。在运营私域流量的过程中，企业可以与用户开展深层次的情感互动，消除用户对商家广告、商家推荐产品的抵触情绪，稳定用户群。

以唤醒老客户为例，某淘宝商家通过寄送小卡片，让购买了商品的顾客扫描二维码添加微信领红包的方式积累了一大批

顾客。但因为迟迟没有维护，这些老客户的购买力都没有释放出来。为了唤醒这些老客户，店主创建了一个微信群，每天都在群里发送新品链接或者活动链接，如果是新品链接就为老客户提供9折优惠券，如果是活动链接就为老客户提供丰厚的礼品，极大地激发了老客户的消费意愿，使店铺的收益额成倍增长。

可见，现阶段商家添加顾客个人微信号，组建微信群，通过用户互动、社群活动、专属折扣等活动，增进彼此之间的情感连接，进而增强用户黏性，提高复购率。

在私域电商的各种运营玩法中，有一个万变不离其宗的法则，就是紧紧围绕公式，在转化率、客单价、复购率三要素上下功夫，尽可能地提升这三个关键要素，就可以释放出私域流量的无限价值。

03 私域流量运营的流程框架

私域流量运营可以概括为两个环节：一是流量引入，二是流量运营。

流量引入指的是企业从公域流量池或其他私域流量池向自己的私域流量池引流；流量运营指的是对私域流量进行激活、运营，完成交易转化、分享裂变和复购。通过流量引入和流量运营，企业可以构建一个稳定的用户池，提高产品的复购率和客单价，不断挖掘用户的终身价值，实现持续增长。

◆流量引入

在流量引入环节，企业可用的流量有三类，分别是广告流量、内容流量和其他流量。

（1）广告流量

即基于效果广告、搜索排名、平台算法、展示广告等方式获取的流量，企业通过该渠道获取的主要是公域流量。

（2）内容流量

即通过发布内容（短视频、直播等）获取的流量，例如来自短视频达人的带货视频流量，来自电商直播达人的跳转流量等。

（3）其他流量

其他流量的来源比较复杂，包括各类优惠（促销活动、优惠券等）诱导的流量、线下门店吸引的流量、发布线下广告吸引的流量、销售后获得的流量等。

很多企业会借助各种流量运营工具来吸引流量，继而运营流量，构建自己的私域流量池，这些工具被称为流量运营载体。按照连接关系的强弱、消息触达效率的高低，流量运营载体可以分为两类：

（1）强关系型载体

这类载体可以与用户及时沟通交流，以微信、QQ、钉钉和各种社群为代表。

（2）弱关系型载体

这类载体的主要功能是进行单向传播，以微信公众号、线上店铺、直播间、小程序、商家或品牌的社交媒体账号等为代表。

◆私域流量的运营闭环

企业打造私域流量的运营闭环需要经过多个环节，包括流量运营、交易转化、分享裂变、用户深度沉淀等。

- 流量运营：流量运营大致可以分为内容运营、活动运营、数据化运营三部分，其中内容运营指的是通过输出内容、社群运营、用户互动来获取用户信任，与用户建立信任连接；活动运营指的是通过直播、促销等活动刺激用户做出购买行为，完成交易转化；数字化运营指的是通过用户分层、精准营销、数字化研发等手段开展精细化运营，保证运营效果。
- 交易转化：即通过电商平台、线下门店、社区团购等方式刺激用户做出购买行为，完成交易转化。
- 分享裂变：分享裂变是企业获取私域流量的重要渠道，可以是自发的，也可以通过一些方法刺激引发。
- 深度沉淀：用户对企业的产品与服务进行深度体验之后，对企业的信任度加深，选择持续关注企业，在流量池内持续沉淀。对于企业来说，这部分用户可以持续触达。随着这部分用户逐渐形成规模，企业就完成了流量运营闭环的构建。

对私域流量运营流程进行分析可以发现，私域流量引入之后仍然需要进行维护，否则用户不仅无法随意触达，还有可能大量流失。在完成流量引入，构建私域流量池之后，企业需要采用各种方法提高流量转化、留存与裂变效率，不断提升产品、内容、服务质量，做好用户关系经营与维护。整个过程需要企业投入大量资源，开展精细化运营。

04 私域流量运营的四个模型

在私域流量运营方面，无论企业采取何种措施，最终都要回到运营模型搭建上来。目前，私域流量运营常见的模型有四种，具体分析如下。

◆蝴蝶结模型（AARRR运营模型）

蝴蝶结模型又称“AARRR运营模型”，即Acquisition（获得会员）、Activation（激发活跃）、Retained（提高留存）、Referral（分享传播）、Revenue（增加收入）。该模型可以帮助企业从公域流量中挖掘新流量，形成自己的私域流量池。整个过程需要经历五个环节，分别是推广获客、成交转化、客户留存、复购增购和分享裂变。

之所以将该模型称为“蝴蝶结模型”，是因为整个运营流程呈一个蝴蝶型：先是一个“从大到小”的过程，即企业通过各种渠道引流获客，逐渐沉淀高价值、高忠诚度的顾客；然后是一个“从小到大”的过程，即企业通过裂变传播、复购增购等方式将现有顾客的价值充分释放出来，通过“老带新”获得更多新顾客。

企业付出时间、金钱获取新顾客之后，要将新顾客引入自己的私域矩阵（微信、社群、公众号、微博等），通过各种方式打造个人IP。私域流量具备很多特点，例如可触达、可运营、可连接等，通过复购增购、分享裂变，企业可以开展更深度地运营，构建一个可以实现良性循环、健康发展的私域流量池。

◆基于企业微信的客户运营模型

在客户关系管理方面，企业微信具有先天优势，不仅可以与客户建立直接连接，采取一对一或一对多的方式将消息发送给客户，还可以将想要传播给客户知晓的信息通过朋友圈发布出来，在不打扰客户的情况下让客户获取信息，完成信息传递，达到转化与服务目的。

如果客户添加企业为微信好友，就变成了企业的线上资产，只要用户不主动离开，这个资产就不会消失。即便员工离职，新员工也可以继承这项资产，让其继续发挥价值，为企业带来源源不断的收益。

具体来看，基于企业微信的客户运营模型主要有三大功能，分别是触达引流、沟通转化和用户服务。首先，企业可以利用触达引流功能，实现洞察种子用户、精准投放广告、绘制用户的精准图像、进行社群分享、刷脸支付等行为；然后利用沟通转化功能，进行AI实时追踪、同步跟进、记录分析、离职继承、记录保存、标签管理等；最后，利用用户

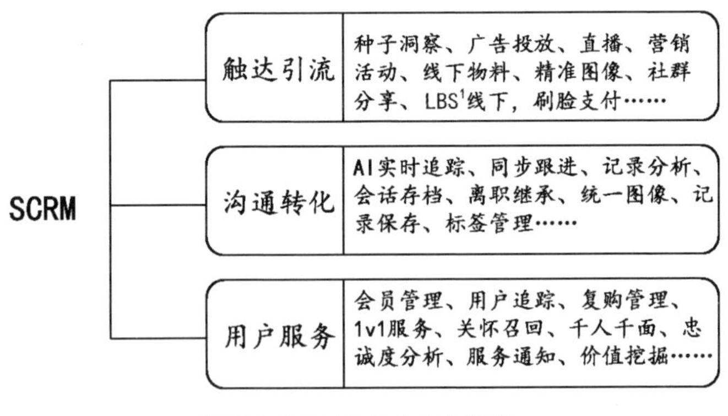

基于企业微信的客户运营模型

1 LBS：全称为 Location Based Services，基于位置的服务。

服务功能进行会员管理、用户追踪，开展复购管理，对用户进行忠诚度分析，深入挖掘用户的价值等。该模型的具体操作流程如下图所示。

◆闭环营销模型

在目前的市场环境下，企业可以通过很多渠道与用户建立连接，进行沟通。据不完全统计，企业与用户之间的触点大概有5～6个，其中社交触点的占比超过了50%。与此同时，企业可以通过微信、社群、公众号等工具与用户直接沟通，让营销与销售同步发生，实现闭环营销。

这种营销模式为一些小品牌提供了机会，完美日记、阿芙精油、花西子等就是这些品牌的典型代表。他们借势崛起，并通过去中心化的传播路径、层出不穷的传播机制，刺激用户主动裂变。

随着市场环境及用户行为不断变化，品牌必须摒弃传统的营销模型，做出一些改变，具体包括：

- 从注重粉丝增量到注重粉丝存量，再到利用存量激发增量；
- 从关注用户转化渠道到关注用户全链路触点；
- 在内容方面，从以品牌产品宣传为重点到以知识、观点传播为重点；
- 从运营公域流量到创造私域流量，再到对用户全生命周期进行运营；
- 从各环节单独运营，到对各生态用户数据能力进行整合，再到全域布局与营销。

随着营销模型不断变化，企业的运营思维也要不断改变，例如摒弃传统的流量思维，转向流量池思维；摒弃传统的获客思维，转向增长思维；摒弃粗放式运营，转向精细化运营等。只有不断更新运营思维，才能切实保证运营效果。

◆客户与数据、触达、黏性兼得模型

在传统经营模式下，企业虽然能够获取客户，但无法积累客户数据，无法触及客户，培养客户黏性。但通过私域流量运营，企业可以有效解决上述问题，做到有客户，有触达；有客户，有数据；有客户，有黏性。

- 有客户，有触达：企业可以通过数字化导购等方式随时随地触达用户，利用微信、微信群等向用户推送品牌信息，与用户建立连接，刺激用户购买消费，获得源源不断的收益。
- 有客户，有数据：企业可以通过优化投放成本，为公众号、小程序吸引粉丝，为私域流量池持续引流，对私域数据进行重复使用，实现数据积累。
- 有客户，有黏性：立足于微信生态，借助签到福利、贴心早报、个性直播等方式与用户开展良性互动，为用户提供有价值的内容，提高用户黏性。

企业想要做好私域流量运营，必须对私域流量运营模型进行全面且深刻的了解，更好地提升转化率，带动企业利润增长。

从私域电商运营的整体来看，现阶段很多企业仍处在初级发展阶

段，各个环节有待成熟，各流量平台的生态建设与规则建设有待完善。具体而言，在流量引入环节，大部分企业采用的方式都比较简单、直接，只是创建微信群、加粉丝、后续运营乏力，导致“短期收割”的现象普遍存在。此外，不成熟的引流模式衍生了一些灰色产业，例如智能群控、批量养号、恶意营销等，给微信、微博等流量平台的用户生态造成了极大的不良影响。在流量运营环节，一些商家没有系统成熟的模式和方法，频繁发广告，引发用户的不满情绪。

为了推动私域流量运营向更健康的方向发展，各大平台采取了一系列行动，例如：腾讯逐渐开放企业微信的2C（To Customer，面向普通用户）功能，帮助企业运营微信体系内的用户，实现私域流量沉淀与转化；钉钉推出圈子功能，全面开放私域流量池，帮助企业对社群进行数字化运营。

另外，需要明确的一点是不是所有企业都适合开展私域流量运营。在开展私域流量运营之前，企业需要对经营的产品品类、规模、人才储备、资金实力等因素进行综合考虑，以免运营效果不佳造成资源浪费。

但毋庸置疑的是，在目前的市场环境下，私域流量运营是一种非常有效的营销方式，可以帮企业与用户建立连接，对用户开展精细化运营，挖掘用户的长期价值。未来，随着企业在私域流量领域的探索不断深入，私域流量运营将形成规范的流程与成熟的模式，整个流量生态将变得更加健康。届时，企业就可以真正做到以用户价值为中心，构建一个良性的私域闭环。

第六章
用户转化：打通私域流量全链路

01 获客：沉淀私域流量池

电商想要做私域流量运营，必须做好引流工作，这是搭建私域流量池的第一步。而引流需要寻找客户，即要找到高度集中的潜在用户群，然后将他们变成自己的意向客户。对电商来说，首先要解决的就是如何获取流量的问题。

私域流量其获取渠道有很多，例如商家可以利用微信公众号、个人号、朋友圈、微信群、小程序等来吸引和承载私域流量，建立自己的私域流量池。具体来看，商家可以通过以下四大营销触点来实现全域获客，如图所示。

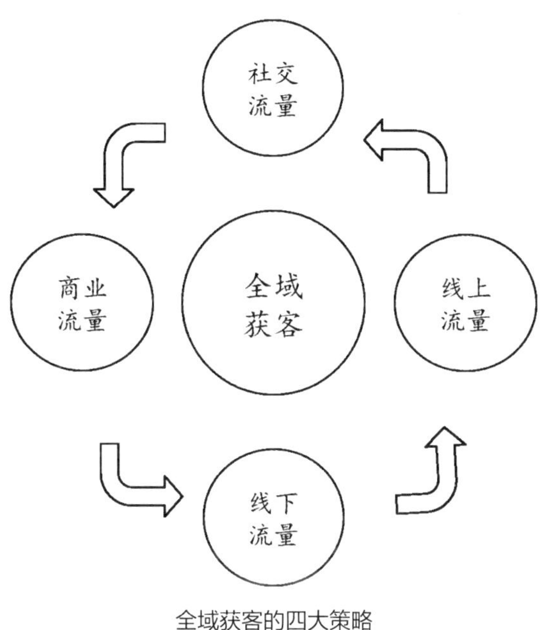

全域获客的四大策略

◆社交流量

社交流量是基于个人和社交关系获取的流量，其获取渠道有多种，例如社群运营、线下导购、社区团购、线上拼团、微信好友、朋友圈等。

具体而言，社群运营以社群为媒介与用户产生联系；线下导购以门店场景与用户产生联系；社区团购以社交传播的方式吸引新顾客；线上拼团以利益激励的方式为品牌带来转化等等。

获取社交流量的具体策略如下：

（1）建立社群：以精细化运营盘活粉丝

商户可以将自己的精准用户聚集起来，建立自有社群，同时在社群中对高活跃度、高忠诚度的用户进行精细化运营，例如通过发布活动信息、群成员互动、分享商品优惠券等来增强用户黏性，提高用户转化率和复购率。

私域流量精细化运营的目的在于赋予用户变现能力，鼓励用户主动为品牌做宣传。

以“洽洽”为例，“洽洽”在增强用户黏性和提高转化率方面做得非常出色，通过建立“吃货粉丝福利社群”，推出每日爆款、限时秒杀等活动，大大增强了粉丝黏性，使小程序商城的转化率提高了86%。

（2）社区团购：激活社群强关系

团长利用自己的社交关系和影响力促使团购活动实现裂变传播，然后在此基础上建立社区居民团购微信群，通过持续推广高性价比的商品低成本获客。社区团购的优势在于可以以社区做支撑，以团长社交为手段，以微信群为载体，建立私域流量池，实现用户的精细化运营。

例如，社区团购品牌“田家优鲜”招募“宝妈”担任团长，并在社区便利店建立自提点，将社区用户集中起来，建立了可持续转化的品牌用户群。“田家优鲜”经常通过微信小程序发起活动，社区团长会组织社区内的亲朋好友积极参与活动，下单购买。

这种方式不仅为小程序商城带来了源源不断的流量，还大幅提高了商城转化率。“田家优鲜”在短短3个月内就招募了

200多位团长，建立了400多个团购社群，将销售额整整提高了5倍。

（3）拼团社交：分享刺激引流

商家发起的拼团活动通常存在这样的规定，即邀请一定数量的用户参与拼购，才可以享受相应的优惠或福利。这就意味着，种子用户必须承担传播角色，即要利用自己的社交关系为品牌带来新顾客。商家在以低价刺激用户消费的同时，也引发了裂变式传播，为自己带来了可观的流量。

例如，海嘉农产品在上市之前虽然开设了微信公众号，但并没有多少粉丝。上市之后，该品牌通过“蜜柚拼团活动”不断为公众号“吸粉”，同时将用户引入小程序商城。结果，在短短一周内，海嘉农产品就获得了5500多名新用户。

（4）导购多场景社交：优化体验连接用户

导购是门店销售的主力，也是品牌与用户沟通的重要桥梁，他们的日常工作除了销售、提供服务外，还包括为门店“拉新”。当客户进入门店时，导购可以引导客户关注门店公众号或小程序，完成用户资源的积累与沉淀；当客户离开门店后，导购可以通过微信群、小程序等与客户保持联系，与客户建立信任关系，增加客户黏性。

以家具品牌MUMO木墨为例，木墨经常举办线下展会拓展销售渠道。每次举办展会时，木墨都会将小程序商城的二维码图片放在门店旁边，或者为导购员配备专属的二维码，并让他们主动邀请用户扫码。

木墨通过这种方式顺利将流量引入自己的小程序商城。另外，木墨的小程序商场中设有导购优惠券，主要是用来刺激用户消费。导购员可以在微盟App上将这些优惠券推送给用户，引导用户在线下单。经过一个月的导购运营，木墨小程序商城新增了6500多名用户，线上用户到店率提升了20%，销售额提升了30%。

◆线上流量

由于网络具有实时性和无边界性等特点，因此通过网络可以开展更广泛的营销传播，获取更多线上流量。线上流量获取渠道有公众号、小程序、微信卡包、服务通知等，具体来说就是通过发布公众号内容、投放微信卡券、推送服务通知、展示小程序浮窗等来反复触达用户，与用户建立联系。

◆线下流量

实体门店获取线下流量的方式有以下几种：一是组织用户到店体验商品；二是升级服务；三是举办促销活动。实体门店可以利用这些方法构建私域流量入口，例如将这些线下场景与派发红包、赠送卡券、幸运抽奖等线上活动相结合，将线下流量引至线上，实现“拉新”目的，并与用户建立数字化的连接。

◆商业流量

商业流量其实是“客流量”的一种互联网化的叫法，本质都是指用户。在商业环境中，有人的地方就有流量。目前，商业流量广泛分布于线上、线下两个渠道，线上流量经营起来比较容易，线下流量比较分散，不太容易获取。

如何获取商业流量呢？这里有两种实用方法：

（1）通过入驻公域流量平台和向平台支付推广费用

从淘宝、天猫、京东、美团、拼多多、大众点评等公域流量平台获取的流量都属于商业流量。商家可以利用各种方式将这些平台流量引入自己的公众号、微信群、小程序商城等，建立私域流量池，并通过精细化运营实现用户留存、裂变、转化和复购。

（2）通过商业广告、付费KOL和IP内容等方式触达公域用户

相比较入驻公域流量平台，这一方式可以更加高效和精准地获得流量。例如，商家可以通过公众号广告、小程序广告和朋友圈广告来精准获取客户群。由于微信生态中的广告是基于“LBS+社交大数据”进行推送的，所以这些广告对用户的定位更加精准，可以直接触达目标用户群。另外，商家也可以借助KOL的影响力来触达用户。

02 留存：深层次触达用户

商家获取的流量正在从公域流量向私域流量转变，而这也意味着商家对用户的运营正在从普通运营向精细化运营转变。例如，一些商家会

通过持续输出优质内容来深层次触达用户，不断拉近与用户的距离，在留住用户“人”的同时也留住用户的“心”，实现对用户的精细化维护和运营，为以后的流量转化和变现打下基础。

商家不能仅仅将私域流量看作一种运营方式，还要将其上升到运营思维的高度来看待。商家如何建立私域流量池，如何增强用户黏性和信任感，如何提高用户留存率和活跃度，如何促进用户变现和复购，这些问题都需要通过运营思维进行深层次思考。

私域流量运营需要商家站在用户角度考虑问题，形成一种用户思维。商户想要深度挖掘用户价值，就需要进行一系列操作，例如给用户分层、提高用户的活跃度、对用户进行信任经营、增强粉丝黏性等。

一方面商家可以借助买家秀、专题文章等方式对KOL的粉丝进行持续的优质内容输出，借助粉丝之间的社交关系开展裂变式营销；另一方面也可以通过社区团购、商城积分等方式增加用户黏性，提升复购率。具体来看，企业深层次触达用户的策略有四种：

（1）直播构建新的营销场景

自从小程序直播功能上线以后，公众号的内容形式得到了极大的丰富，用户的购物体验也得到了极大的提升。在直播过程中，主播可以为用户介绍商品信息、使用方法、使用体验等，更加生动形象地向用户展示商品，打造一场主播与商品的“真人秀”。一方面能够为用户营造身临其境的感觉，提高用户的参与感，另一方面也能增加用户的黏性和信任，实现对用户的“种草”。

以女装品牌EVA为例，EVA利用微信小程序对新上市的40件秋装进行直播，为用户提供线上“边看边买”的购物体验，并通过模特试装、设计师讲解等方式大大提高了新品销量。

（2）深度内容运营，打造种草社区

在移动互联网背景下，传统的购物体验已经很难满足用户的要求。因此，需要通过创作优质内容和开展实时互动来提高用户的购物体验，影响用户的购物行为。通过输出优质内容和与用户进行实时互动，品牌可以直接与用户建立联系，打造一个高转化率的“种草社区”。

例如，“妖精的口袋”是国内一家极具特色的年轻女装品牌，该品牌通过“妖精的口袋ELF SACK”发布新品服饰，指导粉丝在不同场景下的“穿搭”技巧，不仅成功吸引了大量粉丝关注，也大大提高了商品的销售量。

（3）“社交拔草”，实现从流量运营到留量运营

“社交拔草”是目前比较流行的营销方式，一些品牌会通过“买家秀”来延长用户的停留时间，提升用户的整体活跃度，同时会以“买家秀”引起话题，与用户交流互动，实现“种草”和“拔草”。在“社交拔草”之前，企业只是进行流量运营，而在搭建了“社交拔草”的营销闭环之后，企业才真正走上了用户运营的道路。

以EVA时尚集团为例，该集团通过在小程序设置“直播频道”，向用户展示买家的产品使用和体验情况，带动用户学习主播的“穿搭”技巧，通过直播界面的商品链接促使用户到店铺进行交易。

（4）好物分享：提升流量转化率

“好物圈”是微信生态中的“小红书”。用户可以将心仪的“好物”直接分享给微信好友，也可以将其分享至微信群、朋友圈，推动“好物”在圈内和圈外裂变传播，帮助商家实现“拉新”。熟人推荐可以形成口碑效应，极大地提高商品的转化率。用户可以在圈内推荐商品，也可以将商品分享至微信群在圈外实现裂变传播。

例如，森宿女装为提高曝光度举办“好物圈推荐有礼”活动，粉丝只要任意购买两款女装并收藏店铺、分享好物至朋友圈，就能凭截图从客户处领取商品优惠券，并有机会获得帆布包奖品。这种营销活动既提高了粉丝的分享意愿，又提高了店铺的转化率。

03 转化：流量高效转化与变现

如果说商家构建私域流量池的第一步是“沉淀自有用户池”，第二步是“深层次触达用户”，那么第三步就是“提升用户价值”。商家要怎样做才能“提升用户价值”呢？这就需要遵循“愿者上钩”的原则，在私域流量池中抛洒 “鱼饵”，然后静等用户“上钩”。用户自愿吃下“鱼饵”的时候正是流量转化变现的时候，也是用户价值提升的时候。

在传统的电商平台，用户在某一店铺中的消费往往是一次性消费，即用户在店内完成一次消费，其与店铺的整个交易便结束了，两者之间的连接也就彻底断裂了。也就是说，商家与用户的买卖关系是单次的。

私域流量运营则与此相反，需要挖掘用户的长期价值，让商家与用户建立长期的买卖关系。因此，对于私域流量运营来说，提升用户价值十分重要。

任何商家都希望与用户谈一场长久的“恋爱”，而要实现这一目标，就要提升用户的价值。具体要怎么做呢？总体方针是通过数字化会员体系沉淀用户，通过持续输出优质内容增强用户黏性，提高用户信任度，促使用户下单和复购，提高流量转化效率，打通从引流到变现的全链路，具体策略如下：

（1）与会员不断对话，挖掘单客价值

会员数字化可以保障企业与会员持续对话，让只有一面之缘的用户变成品牌的忠实粉丝。因此，对于商家来说，会员数字化是挖掘单客价值的一大“利器”。

以微盟会员卡为例，商家可以利用会员卡中的会员消费奖励机制吸引粉丝注册会员，鼓励粉丝下单消费。微盟会员所能享受的会员特权包括开卡有礼、充值有礼、消费有礼、签到有礼等。下面以开卡有礼和签到有礼为例进行简单分析。

开卡有礼：以锐仔蛋糕为例，该品牌承诺每一位新注册的会员都能获赠一份价值100元的零食大礼包。通过开卡有礼的活动，锐仔蛋糕吸引了很多新用户注册会员，并将会员沉淀到自己的私域流量池中。最终，锐仔蛋糕为品牌增加了1000多位会员，促进了200多人在店内消费，核销率接近25%。

签到有礼：美食品牌惠食光通过每日签到有礼活动提高了小程序商城的日活跃用户数，促使消费者养成了每日浏览商城的习惯。为了提高用户的参与度，惠食光规定断签用户只要重新签到，可以重新开始签到周期，并获得1元无门槛优惠券。

（2）积分刺激，让会员持续复购

商家也可以开设积分商城，为会员提供积分兑换商品的服务。一方面，这种做法能够提高小程序商城的日活跃用户数，另一方面也能促进用户二次消费，同时还能提高会员的特权感，增加会员用户的黏性。

以红袖女装（Hopeshow）为例，该女装品牌通过会员卡分级、设置会员开放日等一系列措施，大大提高了用户到店率，将大量流量从线上引到线下，大幅提高了门店的销售量。同时，该品牌会在用户生日时为其推送生日卡券，很大程度上提高了会员的特权体验。另外，红袖女装鼓励会员通过连续消费、签到获得积分，并在积分商城中兑换商品。积分兑换活动可以吸引用户每日持续签到，大大提高了小程序商城的日活跃用户数。

（3）优质内容引领付费趋势

知识付费用户通常是商家私域流量池中沉淀的忠实用户。一般来说，知识付费类商家的私域流量池是知识付费专栏。在知识付费专栏中，商家可以与用户更方便地交流，同时在知识付费专栏中发布的一些产品信息可以有效提高用户的认可度，轻松达到种草和复购的目的。

以“塔莎的花园”为例，这是一家淘宝花店，开通了同名微信公众号。在微信公众号，运营人员经常更新园艺方面的知识，例如“朱顶红种植手册”“鸢尾种植手册”“芍药种植手册”“仙客来的养护方法”等，吸引了大批爱花人士。在分享养花技巧的同时，运营人员会分享店铺新上的同类产品，例如在分享仙客来养护技巧时会推出店铺新上的仙客来，并注明价格与优惠，吸引粉丝前去购买。

完成获客——留存——转化这三个步骤，也就打通了私域流量运营的全链路，继而实现了增强用户黏性和信任感，提高用户留存率和活跃度，促进用户变现和复购的三大目标。

第七章
直播带货：“公域+私域”组合拳

01 多渠道经营：“公域+私域”

2020年，受新冠肺炎疫情影响，企业私域流量玩法不断升级，出现了很多新玩法。这些玩法有一个共同点，即流量运营场地比较单一，仅限于公域流量池或私域流量池，没有做到互通共赢，导致运营效率较低，运营效果不佳。

近一两年来，运营人员从不同维度对公域流量、私域流量进行组合，探索出很多新玩法，极大地提升了运营效果。具体来看，“公域+私域”的玩法大致包括以下几种：

（1）打通数据：提升公域流量使用效率

公域与私域流量运营的灵活组合可能产生意想不到的效果。如果企业能够将公域与私域打通，让数据相互流通，就能从公域流量池中源源不断地获取新用户，然后将用户沉淀到私域流量池中，全方位挖掘存量用户的价值，形成自己的流量资产，直接或间接地带动业务增长。

在玩法上，公域流量运营可以用较低的成本获得高价值的新用户，私域流量运营可以通过常规的、免费的方式运营存量用户。随着获客成本越来越高，企业可以通过"公域+私域"的方式挖掘存量用户的价值，通过精细化运营实现用户增长。

（2）半公域+半私域：公域引流、私域沉淀

私域流量池的流量大多来自公域流量，所以从某种程度上讲，公域流量是私域流量的基础。企业能否成功搭建私域流量池，关键在于其提供的产品或服务能否满足用户期待，能否从公域流量池吸引更多流量。对于企业来说，公域与私域组合可以采用两种方式：

一是半公域+半私域：即公域引流，私域沉淀。

对于这种方式，传统企业与互联网企业有不同的玩法。

传统企业会事先圈定一个范围，例如某个社区、商圈等，然后通过发传单、开展地推活动等方式邀请用户扫描二维码添加微信，完成私域流量沉淀；或是通过门店导购引导进店消费的顾客添加微信或公众号，将其沉淀到自己的私域流量池中。

而互联网企业则将战场集中于线上，通过入驻公域流量平台、投放商业广告、付费KOL和IP内容等方式触达公域用户，继而将意向用户引流到自己的公众号、社群中，进行私域沉淀。

二是存量带增量：即"活动裂变"。

企业通过在朋友圈分享海报、发布福利活动等方式，鼓励私域流量池中的用户主动触及其他用户，发掘潜在用户，将其吸引到私域流量池中，完成用户沉淀。

（3）中长尾企业：企业微信+个人微信号

想要理解中长尾企业，必须先理解长尾效应。正态曲线中间的突起部分叫“头”，两边相对平缓的部分叫“尾”。从需求角度看，大多数需求会集中在头部，这部分称之为流行，还有一些零散的需求分布在尾部，这部分需求比较个性化、差异化，在需求曲线上会表现为一条长长的“尾巴”。所谓的长尾效应就在于它的数量上，将所有非流行的市场累加起来就会形成一个比流行市场还大的市场。中长尾企业指的就是那些数量庞大的不太流行只是满足少部分人需求的企业。

在公域与私域组合方面，有两种最简单、最适合中长尾企业使用的场景：

一是个人微信+企业微信的组合。

这种组合是“公域+私域”最好的载体，个人微信的运营门槛较低，是目前使用最广的一种运营方式。个人微信运营者可以将营销内容分享到朋友圈或者直接发布到微信群中，营销内容可以植入很多与企业微信有关的信息，引导用户添加企业微信，将其转化为私域资产，借助企业微信提供的标签、群发能力与用户互动，做好运营与转化。整个过程非常简单，操作门槛也比较低。

二是线下门店+企业微信的组合。

这种组合是“公域+私域”的一个范本。企业通过线下门店吸引公域流量，获取用户信任；企业微信对用户身份进行认证，将用户沉淀到自己的私域流量池，转化为自己的私域资产。

（4）公域为基池：扩充私域流量的抓手

目前，“公域+私域”催生了一种新玩法：公域流量吸引流量，扩大私域流量池，通过公域与私域组合开展精细化运营，最终提高私域流量的转化率。

具体而言，一方面企业以公域流量为基础，在公域流量入口获取大规模新用户，同时激活老用户，扩大私域流量池。另一方面当私域流量池扩大到一定的规模，企业利用小程序、社群、直播等多种玩法开展精细化运营，私域流量池中的用户就会通过自己的社交关系网拉新促活，反哺公域流量池，使公域流量池中的潜在用户群体规模持续壮大。

02 直播带货的三种主流模式

直播带货的兴起促使互联网的供需关系发生了快速改变。以人、货、场为基础，商家利用直播工具创造出不同类型的消费场景，这些全新的消费场景不仅可以承载商家与用户的交流、互动，而且可以帮助商家传播品牌理念，在电商平台的服务保障下带给用户更加顺畅的购物体验。由此可见，直播带货改变了传统电商行业的营销模式，使"人找货"转变为"货找人"。

在此情况下，互联网巨头紧抓这一行业机遇，纷纷入局直播电商，希望从这场流量红利中分得自己的"一块蛋糕"。为了扩大这块蛋糕的"底盘"，互联网巨头推出一系列扶持计划，鼓励更多品牌和商家加入直播流量的争夺战之中。

全民直播的"热潮"带领整个零售市场进入"流量为王"的时代，使流量成为"万能的筹码"。其实，流量只是看似"万能"，无法解决所有问题。对于直播带货来说，流量不是竞争的焦点，运营和管理才是。只有做好运营和管理，才能持续产生价值。与此同时，直播带货还要遵循互联网商业的常识和发展规律。

其实，目前，直播模式可以分为以下三种类型：

◆基于直播门户平台直播

这种直播模式以主流短视频直播平台为载体，包括快手、抖音、西瓜视频、火山小视频等，具体的玩法主要有以下几种。

（1）商家组建直播团队，直接在直播平台进行直播

直播开始后，主播团队会在直播界面逐一上架商品并进行讲解，引导粉丝通过点击商品链接进入电商平台完成购买。例如，某淘宝店铺在抖音上直播，就要引导顾客点击商品链接，在淘宝平台完成交易，商品的物流配送可以由商家承担，也可以由代运营服务商承担。

（2）KOL、KOC红人直播引流

主流短视频直播平台上有许多KOL、KOC红人，这些红人通常自带流量。商家可以借助这些红人的影响力，与这些红人合作进行直播，将消费者引入京东、淘宝、天猫、苏宁等电商平台开展交易。当然，在红人直播引流的同时，品牌方也要与电商平台积极配合。这类直播带货的物流配送一般由电商渠道承担。

基于直播门户平台的直播有利有弊：

优点在于可以利用主流直播平台充沛的流量资源以及红人自带的流量快速引流获客，而且用户对直播购物的认可度比较高。

缺点在于流量始终依附于红人和直播平台，商家很难将直播平台的公域流量转化为品牌的私域流量，需要向平台和KOL、KOC红人支付营销推广费用，而且直播平台为商家提供的数据应用功能具有一定的局限性。

◆基于电商平台的直播板块直播

这种直播模式主要以电商平台的直播板块为载体，代表性平台有京东、淘宝、拼多多、苏宁等，基本玩法主要有两种：

（1）邀请KOL、KOC红人、明星直播带货

比如淘宝聚划算，已开始建立起深度合作的明星直播矩阵（优选官刘涛、抠价官李好、美丽种甜官景甜），通过明星效应吸引流量。据"天下网商"报道，仅2020年6月6日一天，刘涛直播带货销售额超2.2亿。其中，超过90%的商品都被品牌新客买走。明星带货的效果可见一斑。

但KOL、KOC红人和明星带货，也存在一定的门槛，高昂的"坑位费"[1]也令许多企业望而却步；其中也不乏红人和明星带货翻车的事件。需要商家和企业谨慎选择，量力而行。

在这一模式中，物流配送一般由电商渠道承担。

（2）由品牌方派遣专门的人才进驻电商平台的旗舰店、线上商铺，进行直播带货

直播带货方式更加方便，一方面主播会通过导购直播的方式，引导用户下单购买店内商品，另一方面品牌方也会推出一系列配合直播效果的促销活动。在这种直播模式下，后续的物流配送由电商平台承担。

基于电商平台的直播板块进行直播同样有利有弊：

优点在于可以利用电商平台充沛的流量资源以及KOL、KOC网红自带流量完成引流变现、实现电商渠道的营销转化，利用电商平台的数字

1　坑位费：大多用于电商直播中，可理解为发布费，也就是商家需要给带货主播坑位费，主播才会将商品上架，在直播间介绍你的商品。

化用户管理和运营工具打造私域流量池。

缺点在于业务场景和流量比较单一，相关数据局限于电商平台内，无法跨平台积累私域流量。

◆利用微信小程序直播功能直播

这种直播模式以微信小程序为载体，基本玩法如下：商家可以通过公众号推文、微信群和朋友圈发布广告等方式将流量导入品牌自建的微信小程序，然后再邀请KOL、KOC红人或品牌方自有的直播人才，利用小程序的直播功能，引导用户下单购买相关产品。

在直播过程中，品牌方同样要配合做好效果类促销活动。用户可以利用小程序上的微商页面下单购买产品，享受品牌商或代运营服务商提供的物流配送服务。

现如今，微信小程序直播已经成为直播的新战场，我们将在下节内容中具体介绍。

03 微信小程序：直播电商新战场

目前，直播带货在传统电商平台逐渐兴起，并越来越火爆。各平台的头部和腰部主播是直播带货的主流群体，其热度一直居高不下。在保持高热度的同时，主播们的坑位费也水涨船高，佣金比例也呈现上涨趋势。如果按照“二八法则”预测，随着行业不断发展，直播带货行业的进入门槛会逐渐提高。

为了降低直播带货的门槛，一些商家和品牌开发出直播带货的第二战场——微信小程序。微信生态相对成熟，拥有巨大的流量池，在社交和推广方面具有较强的优势，通过微信小程序直播可以实现线上线下连接，将人流、物流、信息流、资金流等核心要素联结起来，帮助零售电商快速建立私域流量池，实现高效转化和变现。

◆微信小程序直播的优势

利用微信小程序进行直播，有如下几个优势：

（1）原生优势，获客效率更高

相较于其他直播平台，直播小程序的获客效率更高。直播小程序具有以下特点：一是可以有效留住用户，实现持续增长；二是可以通过多种路径对用户进行回访，主播可以随时随地触达用户；三是拥有搜索和广告功能，流量入口更加丰富，而且能够推送各种活动消息，例如开播预告、秒杀活动等。

（2）从引爆私域流量开始，实现流量沉淀

商家在开播之前，可以通过在公众号、朋友圈、社群等渠道发布直播预告，引导用户关注自己的直播间。这样一来，在后续的直播中，一旦商家开播，用户就能收到开播提醒，这种模式可以有效激活私域流量，将忠实用户牢牢锁住。

商家也可以通过直播引导用户关注自己的公众号，将流量沉淀到自己的私域流量池，通过各种渠道触达用户，持续提高用户黏性。另外，商家还可以利用各种会员玩法让会员实现二次购买或多次购买，提高用户的复购率。

（3）借助营销工具组合，提升成交效率

微信中有不少砍价、分销等营销工具，商户一方面可以利用这些工具提高小程序的直播效果，另一方面可以利用这些工具促使用户主动转发分享和购买产品。另外，商家还可以通过秒杀、优惠券以及其他发放福利的活动提高用户留存，鼓励用户下单。

（4）处于封闭的生态循环，赋能数据决策

微信平台将直播小程序、小程序商城、公众号、支付、社群、社交广告等融合到一个闭环生态之中，可以有效提高商户的变现效率，为商家在用户管理、渠道管理、用户运营等方面的决策提供了必要的数据支持。

商户可以通过复盘直播、监控流量、跟踪推广效果、分析成交数据等方式评估和优化直播活动效果，然后再根据数据结果策划出更好的直播活动。

（5）线上直播，引流到店

品牌商通过人、货、场的数字化经营来开展线上直播带货，不仅可以实现高效传播推广和深度触达用户，还能将线上流量引到线下，实现线下门店的流量增值。另外，品牌商还可以根据用户的消费数据和商品的热销数据，了解和分析市场对品牌的反馈，为线下门店经营提供有效参考。

商户也可以通过直播带货将公域流量沉淀为自己的私域流量，将其引至线下门店，提高门店的客流量和商品销量，实现线上线下联动销售。

◆小程序直播，本质是私域流量直播

突如其来的疫情为企业发展带来了巨大的挑战。疫情期间，企业的造血自救能力越强，代表着企业的抗风险能力越强。在预算有限的情况

下，一些企业没有选择邀请红人主播来直播带货，也没有选择与MCN机构合作进行直播带货，而是要求自己的员工和导购通过小程序进行直播。

对于实体企业来说，通过小程序直播带货是其数字化转型的重要一步。小程序直播的功能具体表现在以下两个方面：

（1）普通素人的最佳秀场

小程序直播非常"接地气"，适合企业员工、门店导购这样的素人进行直播带货。由于这些素人非常熟悉产品和用户，同时具备专业的销售技巧，能够利用微信生态中的熟人社交关系更加方便地与用户产生互动，也能更顺利地实现流量转化和变现。

微信小程序的直播流量入口非常丰富，例如用户可以通过社群、菜单、公众号、朋友圈、消息模板、小程序商城等多种入口进入直播间。微信生态具有良好的裂变和推广环境，借助微信生态进行裂变式推广，配合门店海报的二维码推广，可以形成小程序直播的良好推广条件，达到事半功倍的效果。

（2）私域流量的复用利器

早在直播带货尚未出现之前，微信就已经形成了触达用户的私域矩阵。在微信生态中，小程序直播的上线有效提升了流量资源的利用率。商户可以借助小程序直播对私域流量池进行反哺，不断壮大社群、朋友圈、公众号等领域的私域流量。这种螺旋式上升的流量增长符合微信生态的价值理念，能够有力推动流量持续变现。

由此可见，小程序直播其实就是一种针对私域流量的直播。按照人、货、场进行划分，微信生态可以起到"场"的作用，这个"场"拥有丰富的推广入口。品牌方、KOC、社群、门店与用户之间的联系是基于微信生态的私域流量关系，他们之间的社交关系链是裂变传播的基础，也是微信与生俱来的竞争优势。

◆小程序直播，释放私域流量新价值

在私域流量池建成之后，企业不得不面临一个非常现实的问题，即如何与用户互动，实现用户转化和变现。私域流量的精细化运营不是简单地创建社群，在社群中发放优惠券，开展拼团、砍价、打折促销等活动。实际上，频繁地推送促销类内容只会引起用户反感，导致用户退出社群。

随着微信小程序直播的上线，私域流量运营迎来了新的曙光。由于小程序直播非常“接地气”，所以能够拉近与用户的距离，帮助商家与顾客进行有效互动，其直播内容既可以承接私域流量，又可以转化私域流量。

企业通过小程序直播可以直接向用户传递最新的产品动态，与用户进行良好互动，通过后台数据分析用户对产品的偏好，充分发挥私域流量的价值。

直播是提高企业销售额的一大利器。对于企业来说，如果可以利用微信小程序直播，就可以借助微信生态的优势促使企业实现数字化增长，这对企业发展来说具有战略性意义。小程序直播是吸引外部流量进入私域流量池的重要载体，因此，企业有必要了解相关的私域流量运营链路，更好地实现流量转化和变现。

直播是一种非常依赖社交传播的场景，可以与微信生态进行高效的商业适配。小程序直播在聚集私域流量方面具有先天优势，在直播带货

领域比其他直播平台更具竞争力。随着小程序直播进一步发展，它将带领各类商家进入直播2.0时代。

04 基于微信生态的直播带货玩法

为了迎合直播电商的潮流，腾讯直播在2019年底横空出世，直指私域流量变现。以微信生态为基础，腾讯直播帮用户打造了一个完整的直播带货闭环。用户可以通过小程序观看直播，在观看的过程中可以购买商品，极大地缩短了交易流程，提升了用户的购买体验。不仅如此，基于微信生态强信任的特点，小程序直播间中的用户黏性更强，转化率更高。那么，基于微信生态的直播带货应该怎么玩呢？下面介绍三种最常见的玩法。

◆直播+社群+小程序+私域流量

疫情暴发以后，许多实体零售商纷纷进军私域电商领域。对于实体企业来说，将直播电商与社群营销相结合，将线上流量引入线下门店，实现门店客流和销售额的同步增长，已经成为促进企业发展的刚需。

目前，零售行业的运营标配是"直播+小程序+社群+私域门店"，这种组合是当下流行的营销方式。这个组合中用于承载私域流量的"容器"可以是个人微信或企业微信，也可以是微信群。当然，企业也可以同时利用微信号或微信群来承载私域流量，促进用户持续复购，帮助企业实现对私域流量的精细化运营。

虽然小程序与直播都是转化工具，但两者分工却有不同。小程序适合做长线，直播适合做短线，做长线就是进行长期转化和变现，做短线就是进行短时间的转化和变现，两者可以实现同步“拉新”，且都具有裂变传播能力。

因此，商户可以借助小程序与直播获得新用户，实现对微信生态中私域流量池的反哺，增强私域流量池的续航能力。同时，商家也可以将用户的消费数据传送到SCRM系统中，不断积累和更新用户数据，并根据这些数据进行营销策略调整，形成私域运营管理闭环，如图所示：

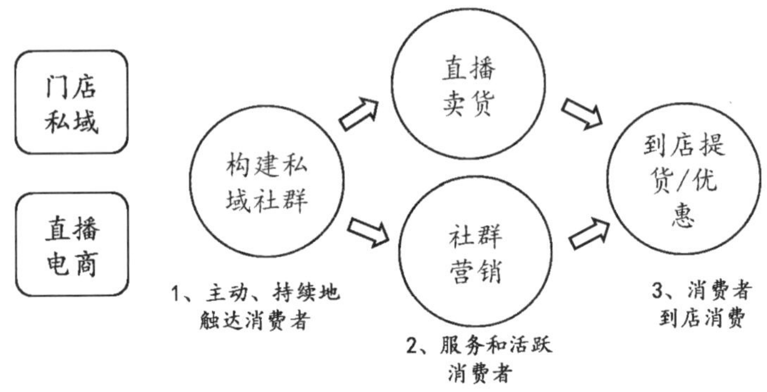

私域运营管理闭环

商户可以利用门店搭建自己的私域流量池，将门店客户引至线上，为其提供线上服务；同时，也可以通过直播电商和社群营销将线上流量引至线下门店，实现线下转化。如果可以利用这些方式实现线上流量与线下流量的相互转化，就能形成效益良好的私域电商闭环，而且通过这些方法还可以形成规模效应，以“一店直播”带动“十店增长”。

以曼语真丝为例，该品牌将直播与下单两大功能集中到了小程序中，极大地简化了交易流程。除了通过直播展示商品、引导成交之外，曼语真丝还充分发挥了社群的功能：首先，曼语真丝会通过社群发布直播预告海报，提醒用户及时观看直播；其次，曼语真丝利用小程序的"每日签到"功能锁定用户，为签到用户提供现金奖励（每签到一次就可以获得一元的奖励），借此增强用户黏性；再次，每天在社群内不定时发红包，开展抽奖活动，提高用户的活跃度；最后，曼语真丝会在群内介绍新品，与用户互动，回答用户提问，为用户解决售后问题等，让用户享受优质的售后服务，从而提高用户的复购率。

◆直播+社群、微商城、小程序

直播一方面能为企业吸引大量流量，另一方面能促进企业商品的购买转化。直播结束后，直播间的观众和消费者能够自动沉淀到微信群、小程序商城中去，这些沉淀的流量又会影响下一次直播的效果。

企业可以利用线下推广方式为直播间引流，例如通过导购员做线下推广或通过门店打折促销活动进行推广等。同时，企业也要注重线上流量的引流和沉淀，例如企业可以在直播间展示微信群二维码，鼓励用户扫码关注。另外，当私域流量池形成一定的规模后，还可以通过拼团、秒杀等活动促进社群用户购买转化。

以劲霸男装为例，劲霸男装在线下的智慧零售门店放置小程序码，同时安排导购邀请进店用户扫描二维码关注劲霸云店小程序，并对顾客进行一对一的服务。除此之外，劲霸还在云店开通了直播预约功能。例如，在2020年3月，劲霸通过“劲霸男装云店”小程序直播劲霸大秀，8件“漫威系列惊奇队长”限量预售款商品在直播期间实现“边看边买”。同时，劲霸还出台了激励政策，鼓励导购通过朋友圈或者导购工作台转发宣传海报，吸引更多目标顾客预约直播。通过这种线下门店+云店+小程序直播的方式，劲霸男装成功地打开了一条线上销售渠道。

◆企业微信+小程序+直播+社群

“企业微信+小程序+直播+社群”是私域流量运营的理想模型，原因有二：

（1）帮助企业快速获取用户信任

直播拉近了企业与用户的距离，让企业得以以全新的姿态和面貌呈现在消费者面前。交易通常是以信任为基础的，例如，消费者在线下购物时经常听到商家说这样一句话——“我店在这儿，又跑不了”。这句话虽然简单，却能帮助商家迅速获得顾客的信任，比频繁的线上广告所起到的营销效果要好很多。

直播的底层逻辑也是如此，它以品牌“代言人”代替冰冷的品牌logo，通过“代言人”与用户线上见面来增强用户对品牌的信任感。而“企业微信+小程序+直播+社群”之所以能成为理想的营销模型，就是因为它能够帮助企业快速获取用户信任。

（2）帮助企业实现“广”和“快”

基于微信生态，企业可以利用微信自带的天然引流工具，如公众号、微信群、小程序等，实现用户沉淀和转化。而且，利用这些工具不仅完全没有割裂感，还能极大地提高用户的对企业和品牌的信任。先加微信，再通过微信与用户交流互动，已经成为疫情期间私域流量运营的主流手段，这种方式不仅可以有效增加用户黏性，还可以有效促进成交转化。在“企业微信+小程序+直播+社群”这一理想组合中，“直播+社群”是最有价值的部分，因为借助它们可以实现企业私域流量的深度运营和精细化运营。

以洋气姐说护肤为例，该店铺主要经营美妆产品，产品种类非常齐全。在基于微信生态的直播带货方面，该店铺做了两大创新之举：第一，利用美妆产品高毛利的特点，该店铺将“看点直播”的营销功能发挥到了极致；第二，该店铺利用企业微信群与企业微信员工号对用户进行二次沉淀，积累了一大批高忠诚度的用户群体。

首先，在“看点直播”营销功能挖掘方面，洋气姐说护肤制定了两大策略：第一，老用户拉新用户进入直播间购买产品，成交之后返佣金；第二，老用户拉新用户进入直播间，可以直接获得高额优惠券。通过这两大策略，洋气姐说护肤直播间获得了源源不断的用户。

其次，在企业微信方面，对于新进入的用户，洋气姐说护肤的企业微信与企业微信员工号会分别加一遍好友，不遗漏任何一名用户。另外，因为企业微信新增了防广告、防刷屏、自动踢人等功能，所以非常适合用来进行社群管理，例如发布直播预告、招募直播间团长、与粉丝互动、为用户提供售后服务、直播间引流等。

相信上述三种基于微信生态的直播带货玩法可以带给商家更多有益启示，衍生出更多新的玩法，撬动整个微信生态的流量。

现阶段，直播带货尤其是基于微信生态的小程序直播，是打通公域流量与私域流量，实现两者之间的灵活转化，互通共赢较为有效的方式。企业和商家应该积极利用直播模式，激发公域流量和私域流量的效用和价值，高效率实现客户的引入、留存和转化。

第三部分　打造商业模式

第八章
拼团模式：引爆裂变的获客法则

01 拼团运营模式与价格模型

商品信息泛滥导致用户的选择成本不断增加，以及电商的获客成本不断攀升。在这种情况下，传统电商的营销渠道变得越来越窄，想要提高获客效率、降低获客成本，就要采用社交运营模式让流量快速裂变。

而最有效的社交运营模式除了分销和社群外，还有拼团营销。具体而言，拼团是一种裂变式营销，能够在短时间内以较低的价格积累大量目标客户，并促使参与者主动为产品做推广，有效完成转化变现。通常，拼团需要在一定时间内完成，参与拼团的人越多，产品价格就越便宜。在这种规则下，许多购买者为了能以更低的价格购买产品，就会通过自己的社交网络和朋友圈主动为产品做宣传，邀请亲朋好友参与拼团，基于熟人之间的信任增强新客户对产品信任，这是拼团玩法的核心所在。

与传统的电商营销相比，拼团具有去中心化的特点，主要围绕用户构建产品传播链条。

因此，在零售行业，拼团成了一种经常使用的营销方式，是企业营销的一大利器。

◆拼团模式的裂变逻辑

拼团最早主要是拼购水果类产品，之后生鲜类产品也逐渐成为拼团的主流产品。由于水果、生鲜类产品的保质期较短，一旦滞销就会给经销商造成巨大损失，所以这类产品更适合通过拼团来进行批量销售。

拼团玩法的最早定位是为人群消费服务，拼团活动最佳的推广渠道是微信群，微信群中的人可能来自同一个小区，也可能是发起者的亲朋好友，总之，这些人一般都拥有共同的需求。

商家可以利用微信群将这些人聚在一起，利用拼团活动鼓励他们进行微信支付，再根据订单统一发货。由于拼团玩法很容易实现快速裂变，而且可以进行规模化复制，属于一种轻运营模式，所以受到了很多电商巨头的青睐。

本质上，拼团是一种基于冲动消费的营销模式，它利用的是消费者对价格的感知能力，而这是拼团模式可以实现快速裂变的逻辑所在。一般来说，消费者对价格的认知可以分为三种：

★单品认知。对于消费者非常熟悉的产品，一旦出现相关的产品促销活动，用户就能迅速感知这类产品的价格优惠力度，并根据优惠力度做出购买决策。

★品牌认知。以“三只松鼠”为例，该品牌经常组织“商品满减活动”，如在相关销售页面可以经常看到“满399减199”之类的宣传语，这类促销活动会吸引对品牌认知度较高者的关注。而品牌价格的波动正是这类用户的主要购买依据。

★品类认知。以拼多多为例，拼多多上的商品多是日常快消品，如水果、生鲜、卫生用品、化妆品等。采用常规促销方式很难提升这类产品的整体销量，但是如果优惠力度超过正常价格区间，就会使产品销量迅速提升。

◆拼团模式的三种价格模型

（1）爆款直降型

爆款直降型是针对单品认知型产品采取的价格模型。单品认知型产品多是生活必需品，也是用户对价格认知最为敏感的产品。举例来说，一款智能手机的价格从2000元降到1800元通常不会给用户带来明显感受，但是一瓶雪碧从3元降到2元却能给用户带来深刻感受。爆款直降型拼团通过低价出售生活必需品，给予消费者强烈的价格刺激，吸引用户做出购买决策并主动“拉新”。

（2）品牌折扣型

品牌折扣型是使用最频繁的价格模型。品牌商经常利用折扣策略刺激潜在用户进行品牌消费。近年来，各大品牌商最常用的销售策略就是“满减折扣”。对于用户来说，通过满减折扣活动购买品牌商品更有获得感。对于品牌来说，折扣产品的质量、上新和库存等都是需要考虑的问题。

（3）价格穿刺型

消费者对品类认知型商品的价格敏感度较低，从这一点来看，这类商品并不适合做拼团商品。但拼多多创新一个玩法，成功激活了这一市场，就是“0元秒杀”，同类玩法还有“9.9元包邮”“4.9元包邮”等。

这种策略的核心在于利用超低的价格迅速突破消费者的心理底线，使其产生一种“商品价格低到难以置信”的错觉。这种策略本着“薄利多销”的理念，利用超低的价格为促销作掩护，通过快速“拉新成团”实现海量产品销售。

但是，低价具有不可持续性，价格太低，即使有一定的销量也难以取得可观的利润，长期以低价促销势必会造成产品质量不可控。因此，对于商家来说，想要控制好利润和商品质量，必须平衡好商品价格和销量。

◆拼团的四种发展模式

目前，市场上的拼团模式主要有四种：

★纯拼团电商模式：以拼多多为代表。拼多多App内的销售模式只有拼团，其社交玩法除拼团外再无其他。

★传统电商平台：以淘宝、京东、蘑菇街等平台为代表。拼团营销只是这些平台社交玩法的一种。

★第三方店铺提供商：以有赞、微店等为代表。这些电商主要通过微信生态搭建店铺，并通过自发拼团玩法帮助店铺促销。

★第三方营销平台：以人人秀为代表。这类平台具有许多用于促销的功能插件，可以为顾客提供拼团、砍价等多种营销玩法，消费者只需要通过功能插件便可以迅速参与拼团、完成支付。

移动互联网的发展使得拼团逐渐成为各大电商平台的主流促销方式之一。除了拼多多这种纯拼团电商平台外，淘宝、京东、蘑菇街、苏宁易购等各大电商平台都有拼团玩法，所涉及的商品覆盖了生活的方方面面，餐饮、购物、娱乐、旅游等应有尽有。许多电商会在第三方平台发起拼团活动，借助微信生态进行广泛的社区传播，并从中快速获客。

02 拼团的运营玩法与进阶策略

拼团营销之所以如此“火爆”，最主要的原因在于其借助熟人关系链和熟人社交网实现了快速传播和拉新，简单来说，就是它的下单试错成本比较低。随着拼团市场日益饱和，不少拼团玩法已经难以达到预期效果，那么如何将拼团模式继续玩下去呢？

在此，我们提供几种主流的拼团玩法和进阶策略，希望能为商家提供新的拼团营销思路。

◆拼团常见的几种玩法

拼团是一种典型的社交玩法，商家不用过多宣传就能很好地解决产品推广和引流问题。拼团的发起者称为“团长”，在发起拼团后，团长会将拼团活动的相关信息发布到社群，社群用户如果有需求就会自动参与拼团，为了快速成团，他们可能主动将拼团信息推送到其他社群。这样一来，就可能通过社群传播使参团人数呈现裂变式增长，最终实现成团。

常见的拼团玩法有抽奖团、试用团、超级团、秒杀团、免单团等，下面对这几种玩法进行具体分析：

（1）抽奖团和试用团

“抽奖团”和“试用团”的覆盖面比较广，用户的参与度也比较高。如果采用这两种玩法拼团，商家所选择的拼团商品一般要具备以下几个特点：

- 商品要具有足够的噱头；
- 商品要具有较强的话题性；
- 商品要易于传播。

“抽奖团”的主要参与流程如下，如图所示。

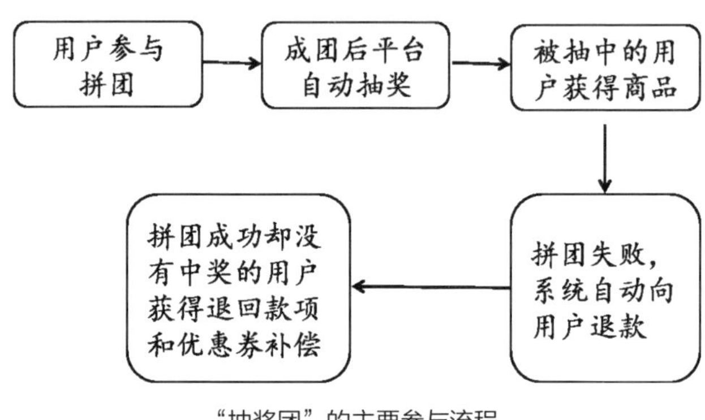

“抽奖团”的主要参与流程

“试用团”与“抽奖团”的玩法相差无几，中奖者会获得商品的试用资格，用户可以在中奖后不久收到奖品。“试用团”与“抽奖团”的核心作用是为平台引流，这两种玩法引流和获客成本都比较低，能够大幅提升平台的日活跃用户数量和留存率。

不过，由于拉来的用户大多是为了“薅羊毛”，所以，这类用户的平台转化率并不高，后期在平台的消费水平也普遍较低，甚至几乎没有贡献。

（2）超级团和秒杀团

“超级团”通常需要50～200人参与才能成团。这种拼团模式的特点是参与人数较多、阶梯价格容易操作、用户好评度较高，不过，其整体热度正在逐渐降低。“超级团”的拼团商品通常都是爆款商品，具有实用性强、性价比高、价格较低的特点。

随着参团人数不断增加，产品的价格会越来越低。“超级团”的玩法非常简单，用户点击付费即可参团，人数达标即可拼团成功，随后即可发货。如果拼团人数不足，系统会自动向用户退款。

对于用户来说，“秒杀团”可以调动用户参与的积极性，玩起来更加刺激。例如，某品牌限量100套产品进行限时秒杀，指定开抢时间为晚上8点，这就意味着用户只能在晚上8点及以后参与活动，一旦秒杀完100套产品，活动便会立即结束。

“超级团”和“秒杀团”的拼团效果较好、复购率较高，既能带来新用户，又能增加老用户的黏性。因此，商家可以通过多次组织这两种拼团活动来维系用户。

◆拼团模式的进阶策略

（1）线上拼团+到店自提

线上拼团可以带来巨大流量，但是想要将这些流量真正引入商家的私域流量池并不容易。为了更好地实现流量转化，一些商家提出了“线上拼团+到店自提”的组合策略。

这种组合策略适合实体商家，例如一些实体商家可以借助电商平台发起拼团活动，然后通过广告投放或社交传播等方式吸引用户进行线上组团拼单，一旦拼单成功，所有参与者都可以到线下实体门店提货。实体商家可以通过发起一种或几种商品“拼团活动”，将线上流量转化为线下客流，带动整个店铺所有商品的销售。

例如，一家新超市通过“10元拼团获30枚鸡蛋的活动”将线上流量引至线下门店，为门店带来大量客流。30枚鸡蛋的门店零售价为30元，成本约20元。而用户到店后很可能被超市的其他产品吸引，产生其他消费。

基于此，超市老板又发起了“消费200元免费送30枚鸡蛋的活动”，进一步促刺激用户消费，甚至吸引了一大批用户复购。拼团低价卖鸡蛋和免费送鸡蛋虽然都会赔钱，但超市通过这些活动吸引了更多客户上门消费，产生了更多额外利润，因此总体上来说是稳赚不赔的。

通过线上拼团引流一方面能为门店带来实实在在的客流量，另一方面也能提高用户的复购率，更重要的是，它能在短时间内使超市的营业额获得大幅增长。

对于实体商家来说，拼团至少能为他们带来两大好处：一是能帮助门店引流，形成连带销售；二是能够帮助门店沉淀流量，提高转化率和复购率。对于消费者来说，拼团一方面能帮助他们以较低的价格买到心仪的商品，另一方面也能提高其消费决策的及时性。

（2）一分拼团+抽奖

“一分拼团+抽奖”是一种高效“拉新”玩法，这种玩法可以分为两种：

- 玩法1：老用户和新用户都可以开团，但必须由新用户参团，老用户无法参团，例如一位用户只需要为平台或商家拉来3～4个新用户，就可以享受一分钱购物，其中参团者始终是新用户；
- 玩法2：不限制老用户、新用户的开团与参团，只要用户达到成团人数，系统就会进行抽奖，中奖者可以获得商品，未中奖者可以收到退款和优惠券。

从形式上来看，这种组合拼团策略可以使人人都中奖，只不过一种奖品是商品，另一种奖品是优惠券。由于所有参与者都能获得利益，所以这种“拉新”方式更受消费者青睐。

更重要的是，这种拼团的中奖率较高，3～5人即可成团，并且3～5人就能有1人中奖。超高的中奖率可以大幅提高用户的参与度，未中奖者也可以获得优惠券，不会产生太大的心理落差。

总之，这种拼团策略可以实现多方共赢，不仅能使中奖者获得较大收益，使未中奖者收获购物券惊喜，还能为平台和商家引流和“拉新”，优惠券还能进一步刺激用户消费。

（3）双重奖品+无限开团

在“双重奖品+无限开团”的组合策略中，用户可以无限“开团”直到整个拼团活动结束。在这个过程中，商家只需要承担拼团商品的成本，就能收获用户自动裂变引流的效果。同时，由于用户参与拼团不需要支付任何成本，而且有很大可能可以获得奖品，所以，这类拼团的用户参与度普遍较高。

在抽奖拼团时，每位用户只能以团员的身份参团一次，但能以团长身份无限制开团。这就意味着用户作为团长每多发起一次拼团活动，就能有更大的概率获得活动奖品。因此，团长为了提高自己的中奖率，就会主动对拼团活动进行传播和宣传。团长越多，开团就会越多，宣传力度就会越大，“拉新”效果也就越好。

为了提升进店转化率，商家还可以在每次活动中设施双重奖品。举例来说，商家可以设置一等奖和二等奖双奖项，一等奖可以是价值200元的零食大礼包；二等奖可以是100张20元的无门槛优惠券。其中，一等奖可以为店铺吸引大量精准客户，特别是对店铺产品感兴趣的人；二等奖可以刺激部分中奖用户在店铺消费，提高店铺的转化率。

“双重奖品+无限开团”组合策略可以在减少操作成本的同时轻松实现裂变。随着店铺粉丝不断增加，商品销量也会突飞猛进。

传统的团购活动虽然能在短时间内为商家拓展大量的成交客源，却需要向平台支付高昂的广告费用，对平台的依赖程度非常大。然而，随着社交媒体不断发展，拼团渠道越来越多。许多商家选择在微信公众号发起拼团活动，无须支付广告费用，也不用将部分利润分给传统团购平台，整体利润有了较大提升。

03 拼团活动设计与运营攻略

拼团活动是商家针对特定商品，在特定时间内组织实施的优惠促销活动，对成团人数有一定的要求，商家可以在后台自行设置活动商品、拼团价格、活动时效、成团人数、活动商品限购等信息，鼓励买家发起拼团，邀请好友参与拼团。为了让拼团活动的效果达到最佳，商家必须做好活动设计与运营，具体策略如下。

◆明确不同角色核心需求

（1）活动创建者

活动创建者之所以会发起拼团，最主要的目的是为店铺拉客，以获得更多成交额。但是，拼团活动与传统的优惠活动存在一定的区别：传统的优惠活动可能是为了增加销量，也可能是为了清理库存；而拼团活动需要多方协作才能完成，其核心内容是“拼购”。

随着互联网不断发展，电商获客难度越来越大，获客成本越来越高。面对这些难题，商家最关心的是如何高效、便捷、廉价地获客，这也是拼团活动应该遵循的设计思路。如果拼团活动偏离了这一理念，或者功能过多，效果往往不佳。

（2）团长和参团人

团长和参团人的核心需求比较单纯，即以更便宜的价格买到更优质的产品或服务。因此，低价格、高品质是团长和参团人的共同诉求。团长关注的是如何将拼团活动快速分享出去，以便提高自己的收益。一个优质的拼团工具必须具备两大特点：一是拥有多元化的分发方式；二是具备兼容性的分发渠道。

拼团活动通常是基于熟人圈子开展的，所以熟人之间的信任可以为拼团带来更好的效果。参团人在参团之前通常有三大顾虑：一是拼团商品是否价格便宜；二是购买商品是否方便、顺畅；三是售后服务是否有保障。如果能打消用户的这些顾虑，便没有什么能阻止他们参与拼团。

◆明确拼团活动必备要素

任何成功的拼团活动都需要具备自己的核心内容。核心内容配置一定要具有兼容性，因为这决定了活动能否向更广阔的领域扩展。具体来看，一场成功的拼团活动必须包含以下四大内容：

（1）拼团内容

合理配置拼团内容的目的是让用户清楚自己所要购买的内容是什么，拼团内容设置要考虑以下三个方面的问题：

- 拼团名称：好的标题可以使拼团事半功倍。因此，活动创建者在组织拼团之前需要为活动取个好名称。一个好的拼团名称不仅能为商家减少推广成本，还能大大增加活动的曝光机会。

- 拼团内容：拼团的内容设置要简单明了，要让用户一眼便能看出拼团的内容是商品还是服务，或者是其他什么东西。有时候简单明了的内容设置要比故弄玄虚的内容设置更容易取得良好的效果。

- 拼团规则：在推广拼团活动时还要将活动有效期、使用条件、限制条件、免责申明等规则性内容介绍清楚。

（2）拼团时间

拼团时间一般有两种含义：一是指拼团活动的总体时间，二是指单独成团的时间。拼团活动的总体时间也就是整个拼团活动的周期。任何商业活动的开展都需要相应的计划、预算和周期。

因此，商家在组织拼团活动时也要为活动设置一个周期。同时，商家要控制好每个独立团的成团时间，即团长需要在规定时间内找到足够的用户参团才能获得相应奖励。设置单独成团时间的主要目的是给团长紧迫感，促使其更加卖力地推广活动，吸引更多用户参与。

需要注意的是，拼团活动设计时要协调好拼团活动总时长和单独成团时间之间的关系，具体有两种：

- 如果拼团活动的剩余时长小于单独成团的时间，则不允许开团。例如，单独成团的时间为2小时，而如果距离活动结束不到2小时，那么活动剩余的这段时间是不允许开团的。
- 在拼团活动结束之前，任何时候都可以开团。开团后，单独成团时间还是按照事先规定的团单时间来计时。

（3）阶梯价格

设置阶梯价格是拼团活动的常见做法。活动创建者一般会根据用户数量来创建阶梯价格，例如2人成团时的商品价格为100元，4人成团时的商品价格为90元，8成团时的商品价格是80元，成团人数越多，商品价格越低。这样做可以产生两方面的作用：

- 能够为开团人提供更多选择，“拉新”能力强的人可以选择人数更多的成团方式，“拉新”能力弱的人可以选择人数较少的成团方式；
- 阶梯价格随着成团人数的增加会越来越低，这样可以刺激开团人选择人数更多的成团方式，为商家带来更多新用户。

（4）客户限制

客户限制是激励老用户为商家带来新用户而采取的一种措施。商家希望通过老客户获取新用户时，就会对参团人做出必要的限制。

在这种情况下，活动创建者就会将拼团活动设置成只有新客户才能参加，而非所有人都能参加。这里的新客户根据商家的需求可以有不同的定义，他们既可以是平台的新用户，也可以是店铺的新客户；既可以是下单成功的客户，也可以是支付成功的客户。

◆了解拼团活动辅助要素

（1）弹幕

在拼团过程中设置弹幕功能一方面可以增强用户之间的互动，另一方面可以提升用户的参与感。用户创建弹幕的方式一般有两种：一种是用户直接选择系统提供的标准性内容发送弹幕，另一种是用户根据自己的想法自定义内容进行发送。

（2）拼团成功提醒

拼团成功提醒可以起到刺激用户购买的作用。

（3）虚拟销量

商家会根据想要达到的拼团效果来选择是否展示销量和如何展示销量。因此，拼团活动在销量方面会有两种选择：

- 不展现销量：不向用户展示销量，用户也就无从关心销量问题。
- 展现销量：销量展示可以将真实销量和虚拟销量相结合。

虚拟销量可以增加用户的购买信心，激发用户的从众心理。许多人在购买商品时喜欢参考商品销量，一旦看到商品销量巨大，就会自然产生一种信任感，认为这款产品的质量和口碑一定有保障，从而下单购买。

◆拼团页面设计

拼团页面承载着拼团活动的关键信息，是吸引目标客户最为直接的手段。拼团设计主要包含两大内容：一是团购频道的首页设计；二是团购详情的展示。团购通常是电商平台的独立频道，平台方会设立专门的部门对其进行独立设计。

目前，电商平台的团购活动不断增加，团购商品逐渐丰富，针对团购的搜索变得越来越重要，因此，电商要对相关的搜索设计给予足够的重视。团购首页的设计可以根据团购商品的品类多少，来进行不同的设计：

- 如果团购商品的品类较少，电商平台可以按照团购活动的类型，如单品团、品牌团、整点团、新人团等来设计团购首页。
- 如果团购商品的品类较多，电商平台可以按照商品品类来设计团购首页。

此外，电商平台可以根据自身团购业务的特点，选择合适的划分维度以适应本平台的购物场景。

◆查看拼团活动后续效果

（1）转化情况

在拼团活动进入某一阶段后，商家有必要对活动的转化数据进行分析，从而对活动效果产生一个大致的了解。当然，商家也可以将自己的活动与一些成功的拼团活动进行对比，从其他成功的拼团案例中提取经验，再将这种经验植入后续的活动中。活动的转化数据包含点击数、点赞数、分享数、下单数、支付数等。商家可以通过分析这些数据找到转化率最低的环节，有针对性地进行优化。

（2）订单情况

商家可以从团单和订单两个维度查看活动的订单数据：

- 团单维度：商家可以查看的信息包括开团时间、剩余时间、参与人数、成团进度等。
- 订单维度：商家可以查看的信息包括下单人数、支付人数、销售金额等。

总之，拼团活动是以“拼”为核心，以“活动”为基础，其呈现方式和对应场景由核心决定，呈现的内容和流程由基础决定。

【案例】拼多多的拼团模式和运营玩法

2015年9月，拼多多正式上线。2018年，拼多多的用户数突破3亿，入驻商家超过百万，总成交额高达1400亿，并在日成交量超越京东，成为国内仅次于淘宝的第二大电商平台。根据拼多多发布的年报显示，截至2020年9月30日的12个月内，营收额为14576亿元，平均月活跃用户数量为6.434亿，与上年同期的4.296亿相比增长50%。拼多多的崛起与“社交拼团”密切相关。那么拼多多的拼团模式和运营法则有哪些独到之处呢？下面我们将对此进行简要分析。

◆拼多多拼团页面设计

（1）团购首页设计

拼多多在App首页的频道顶端采用了两种设计模式：一种是商品搜索设计，另一种是主要品类导航，这两种设计为消费者访问商品带来了极大的便利。在运营活动版块，拼多多将拼团活动与“百亿补贴”等进行结合设计，并作为主要推荐版块。随着运营类活动不断更新，这种设计能够为不能明确消费目的的用户提供更加便捷的服务。

（2）商品详情页设计

拼多多在设计商品详情页时主要采取低价团购策略，核心是突出“团购”和“低价”。拼多多会将团购的“低价”与单独购买的原价作对比，突出优惠力度，同时还会强调参团人数与商品热销排名。

一款商品的购买人数越多，越能够对用户形成“爆款”暗示。另外，拼多多还采用“拼团倒计时”和“还差几人拼团成功”等提示性内容，给用户带来“不能错过”“早买早优惠”的心理感受，激发用户的从众心理。

选购数量设计是为了给用户快速选择商品数量提供便利，除了这一设计外，商家还可以根据商品类型设置套餐供用户选择。与淘宝、京东不同，拼多多没有设置购物车功能。因为拼多多采用的是团购策略，设置购物车功能不利于团购活动开展。

团购原本是一种促销活动，要求用户即时决策、即时预定、即时购买，其大多数消费场景都倾向于“实时”交易，而购物车不能满足这种购物场景。为了方便用户在浏览、对比和选择商品之后快速找到心仪商品，拼多多推出了“收藏”功能，这一功能继承了购物车功能的部分作用，不仅能提高交易成功率，还能为店铺增加复购率。

◆拼多多拼团模式背后的战略逻辑

（1）高性价比：深刻把握用户消费心理

许多人将拼多多定位为一种拼团工具，为了获得拼团红利，他们盲目复制拼多多的“拼团”和“低价”模式，最终却并没有取得成功。这是因为这些电商没有注意到拼多多团购模式的内核。

拼多多的团购模式是在深刻把握用户需求心理的基础上展开的，拼多多之所以能够如此迅速地增长，最主要的原因是它不仅可以满足用户的物质需求，还可以满足用户的精神需求，其团购模式的内核不仅是“多实惠”，还有“多乐趣”。

拼多多总是能通过举办一系列活动来引导用户购买消费，这些经典活动包括秒杀、抽奖、砍价、分红包等。

这些活动可以激发用户的冲动心理、攀比心理、发泄心理、从众心理等，能够让用户产生一种“买到就是赚到”“不及时买就会吃亏”的感觉，可以快速促成交易。

（2）精准连接：降低商品流通效率成本

拼多多的商品具有高性价比，而这种高性价比不是通过拼单实现的，而是通过强大的供应链实现的。拼多多的商品销量较高，商家可以自建或租用仓储中心，利用大型集装箱进行批量发货。

由于这些仓储中心都位于交通便利的地区，使用的是批量发货模式，所以商品能够以非常低的物流成本发往全国各地。据相关数据统计，拼多多的商品价格可以低至北京大型商场同类商品价格的三分之一，如此低的价格正是得益于其低成本的供应链模式。

（3）去中间化：打破传统经销运营体系

传统经销商体系的中间环节过多，容易导致层层加价使得商品价格过高和假冒伪劣商品频出等情况发生，使交易成本大幅提高。拼多多去除过多的中间环节，采用“低价拼单”的营销策略，既获得了用户的口碑，又能以较低的成本获得大量流量。

当然，电商通过投入大量成本也可以获得一部分拥有较强购买力的用户，但是以高成本“获客”的能力毕竟有限。而电商要想获得海量价格的敏感型用户，就不得不运用创新思维。

价格敏感型用户基数十分庞大，市场上大多数消费者属于这一类型。针对这类用户，商家只要坚持单品运营策略就能获得较高的订单量，一方面可以进一步降低上游供应商的运营成本，另一方面也能最大限度地给消费者让利。

拼多多的成功揭示了这样一个道理：商品流本质上是一种信息流，借助信息流来连接商品和用户，即使没有购物车、搜索框的支持，也依然能够促成海量交易。

（4）运营升级：强化商品质量管控能力

“低价拼团”模式很难保障产品质量和服务体验，当拼多多平台的消费者经历过“买到就是赚到”的新鲜感之后，就可能从平台“逃离”，转而投向产品质量更高和服务体验更好的平台。同时，“低价拼团”模式也可能流失一些对生活品质有较高要求的用户。因此，“低价拼团”模式固然好，商家也要注重提高商品质量和服务体验，这样才是长久之计。

随着拼多多平台整体品质的不断升级，传统拼团玩法逐渐有了新的内容和规则。面对拼多多带来的巨大竞争压力，淘宝、京东等平台，依托已经积累的巨额流量优势纷纷推出拼团玩法，希望以此牵制拼多多的发展。

拼多多采取的策略是寻找低单价、高性价比的商品，而淘宝、京东等平台没有采用这种策略，也没有按照类目划分拼团商品，导致整体的拼团效果不甚理想。

无论人们的消费水平在升级还是在降级，广大用户在消费过程中都会追求商品的性价比，而且这种追求永远都不会停止。也就是说，人们总是期望以更低的价格来获取更优质的商品。拼团可以满足人们的这种追求和期望，而且它还是一个更加优质、快捷的渠道。

拼团可以让消费者享受超低的折扣价格以及更加愉快的购物体验。目前，拼团已经成为许多人的一种生活方式，也是一种生活乐趣。

第九章
会员电商：打造你的“超级用户”

01 会员经济：获取消费者剩余

为了培养用户的长期消费习惯，亚马逊推出Prime会员，引领了电商行业大力推广会员服务的潮流。目前，亚马逊的付费会员已经达到了1亿，亚马逊也成为全球最大的会员制电商平台。在电商行业普遍陷入获客难的境况下，通过推出会员服务来增强顾客黏性、深挖顾客价值已经成为大多数电商平台的共同选择。

在中国市场，京东推出PlUS会员、阿里巴巴推出88VIP会员、小红书推出黑卡会员、苏宁推出Super会员等。在美国市场，2019年以来，苹果、微软相继推出会员服务。苹果在2019年春季发布会上推出Apple News+服务；微软公司也推出面向游戏业务的“Xbox Game Pass”订阅服务。

其实，付费会员并不是一个新事物，之所以近几年才被互联网巨头注意到，主要是因为互联网行业的竞争愈演愈烈，流量成本持续增长，相关产品的消费者需求价值弹性比较高，消费者对价格变化比较敏感。只要产品价格有所提升，产品销量就会立即下降。

在这种情况下，如何在降低产品价格的同时提高利润是所有互联网企业面临的一个关键问题。在解决这个问题之前，我们要先明确一个概念，即消费者剩余（Consumer Surplus）。消费者剩余指的是消费者效用与产品价格之间的差值。只有存在消费者剩余，消费才会发生。

边际效用指在一定时间内消费者增加一个单位商品或服务所带来的新增效用,也就是总效用的增量。在经济学中,效用是指商品满足人的欲望的能力,或者说,效用是指消费者在消费商品时所感受到的满足程度。

以购买矿泉水为例，假设每瓶矿泉水2元，第一瓶水的边际效用是10元，那么第一瓶水的消费者剩余就是8元。在此之后，每消费一瓶水，边际效用就会递减2元，到消费第5瓶水的时候，边际效用就会变成2元，正好与水的售价持平。

在这种情况下，消费者剩余就变成了0元，消费者就会停止消费。总体来看，消费者的总效用是30元，也就是说消费者愿意为5瓶水支付30元。但商家销售5瓶水只能获得10元，剩下的20元消费者剩余归供应商所有。

那么，商家如何获取消费者剩余呢？可以采用的方法有三种：

第一，完全按照边际效用定价，即第一瓶水的售价为10元，第二瓶水的售价为8元，以此类推。

第二，每瓶水售价6元，5瓶起售。

第三，每瓶水售价2元，但是要向消费者收取20元的“入场费”。

从理论上来讲，第一种定价策略是最优定价，可以完全获得消费者剩余，使商家所获利润实现最大化。但前提是，商家要充分掌握消费者信息，要清楚地知道消费者剩余的具体价格以及消费者是第几次购买这种产品。但在现实生活中，商家很难获取这些信息，所以这种方法不具备落地的条件。

第二种定价策略称为“全部或零”策略，也就是常说的搭售策略，例如将不同的商品组合在一起销售等。“全部或零”策略的优点在于定价简单，可以快速获得消费者剩余，缺点在于消费者剩余之间的区别比较大，如果定价过高必然会流失很多客户，定价过低又不能充分攫取消费者剩余。

第三种定价策略就是所谓的付费会员制，也就是商家先通过征收会员费获取消费者剩余，然后再用较低的商品价格刺激消费者重复购买，以获得更高的营业收入。

由此可见，在上述三种定价策略中，只有付费会员制既降低了产品单价，又刺激了消费者的消费热情，让商家实现了利润最大化。互联网企业之所以偏爱付费会员制，主要原因也在于此。

随着产品信息化程度越来越高，小幅度更新迭代的速度越来越快，产品种类越来越丰富。如果继续采取传统的一次性售卖的方式，会使消费者的边际效用大幅下降。即便企业能够获得较高的收入，也会损失大量消费者剩余。采取付费会员制之后，企业可以先行获取消费者剩余，然后再通过商品折扣、发放优惠券等方式刺激消费者购买，获取更多营业收入。

02 私域流量与会员制的关系

私域流量与会员制既有相同之处，也有不同之处。首先，从定义上来看，私域流量指的是个人或者企业拥有的能够直接触达、无须付费、可以反复利用的用户访问渠道。会员制指的是企业与顾客沟通交流的媒介，由企业发起，在企业的组织管理下运作，以一定的优惠条件吸引顾客自愿加入，与顾客形成相对稳定的联系。

由此可见，私域流量和会员制都比较注重顾客关系，强调将与顾客散点式的“弱关系”转变为立体化的“强关系”，通过这种方式实现用户利益最大化。从这点看，我们也可以将会员制看作是早期的私域玩法，其本质都是精细化运营客户。在私域打法中，商家需要进一步激活最初涌进私域流量池中的用户，使之变成更高价值或更易复购的会员。所以，要想更加清晰地在私域中发挥会员制的运营逻辑，我们需要先具体了解私域流量与会员制的相同和不同之处，具体分析如下。

◆私域流量与会员制的相同点

（1）产生原因与本质相同

当前，我国互联网已经从增量时代进入存量时代，用户增长难度与日俱增。在这种情况下，对于互联网从业者来说，如何降低运营成本，提高运营效率就成了一项必修课。

在互联网的渗透率还没有达到如此高的年代，会员制是企业使用频率最高的维护顾客关系的方式。在电商行业，会员制最早出现在京东平台。继京东之后，其他电商平台相继推出会员，直到阿里巴巴推出88VIP，会员制才成为各大电商平台的主要发力点。

近两年，社交电商飞速发展，用户数量与日俱增，产品同质化问题变得愈发严重。在整个商品市场上，消费者掌握了绝对的话语权。为了建立一支稳定的用户队伍，提高商品销售效率与销售额，私域流量的概念开始流行。

无论会员制还是私域流量都强调优化用户服务，为用户提供便捷的信息获取渠道，用高质量的服务提高用户存量，其主要原因在于私域流量带来的红利能够缓解互联网企业发展困境。在此形势下，企业纷纷开始在私域流量领域布局，从向外拓展转变为向内拓展，借此缓解外部市场压力。

在用户运营领域，据统计，企业获取1名新用户的成本可以用来维护6名老用户。随着新用户获取成本越来越高，企业无法在广告投放、营销推广等领域投入太多资金，于是私域流量和会员制就成为企业获取新用户、维护用户关系的最佳手段。

（2）数据指标和KPI相同

私域流量有两个核心指标，一是CAC[1]，一是CLV[2]，最终要看回报率。私域流量就是从公域流量池中吸引顾客，将其沉淀到自己的流量池中，在这个过程中所支出的费用就是流量成本。

会员制的核心指标是复购率以及客户注册转化率，前者的计算方法为某个时间段产生二次及以上购买的会员人数或会员总数，后者的计算方法为会员注册总数或用户总数。从本质上看，会员复购率与私域流量

1 CAC：平均获客成本，是流量支出费用与用户数的比值。

2 CLV：用户长期价值用以表征流量收益，是用户的长期价值。

的回报率没有太大区别，同属于品牌运营人追求的关键指标。

如果企业想要提高复购率与回报率，所思考的内容、采取的措施也几乎如出一辙。至于二者之间的差异就在于私域流量只要吸引用户进入流量池即可，而会员制则需要用户注册，注册成功才能成为企业会员。

（3）适用对象和目标相同

私域流量与会员制的运营目标相同。首先，这两种方式都可以帮助企业建立用户信任体系，吸引、聚集用户形成一定的规模，产生规模效应。其次，这两种方式都可以通过用户运营做好用户关系维护，提升用户的忠诚度与复购率，降低企业的运营成本，获取更多收益，提升产品附加值，强化品牌效应。最后，这两种方式都可以根据用户需求有针对性地为用户提供服务，提升顾客满意度，形成长期效应。

从整体来看，私域流量与会员制都是从用户出发，致力于提高用户留存，增强用户黏性，引导用户开展二次交易，提高用户的复购率。所以，从目标、工具、数据指标等方面来看，私域流量与会员制之间存在密切联系。

◆私域流量与会员制的不同之处

虽然私域流量与会员制有很多相同之处，但二者也存在很多不同，具体分析如下。

（1）私域流量转化路径更加多样

会员制的转化路径比较单一，主要是利用优惠券、积分或会员专属价格引导用户购买，或者为用户提供免费试用产品完成内部转化，抑或利用行业联盟进行相互推广等。

私域流量的转化路径比较多，例如引导用户关注抖音、快手，吸引用户添加微信群等，甚至可以引导用户加入电商群。相较于会员制来说，私域流量最大的特点就是转化途径比较多，不太在意顾客最终的落脚点。

私域流量转化是一个长期的过程，转化不是终点，而是以客户裂变、持续发展为导向，通过持续的内容输出以及与用户的反复互动建立IP体系，引导用户全面了解品牌文化以及价值观，增强用户对品牌的认知，提高用户的复购率，引导用户传播、裂变，切实提高用户的转化效果。

（2）私域流量用户触达渠道更多

会员制会按照预先设定的标准对会员进行分层，为不同层级的会员提供不同的服务，赋予会员不同的权限。会员制只注重吸纳会员，忽略了与会员的直接交流，而且会员特点相对固定。企业想要增强用户黏性，只能寄希望于会员对企业文化、价值观等的认同。因此，在会员制模式下，企业在与用户的沟通交流中始终处于被动地位。

而私域流量触及用户的渠道非常多，具体包括自有App、社交平台、论坛、社区、微信群、短视频、内容咨询、企业全媒体等，可以与用户直接交流，将用户沉淀到自己的流量池。

其中，微信是目前私域流量运营的主要阵地，也是私域流量运营的众多工具中体系最完整、最健全的一个，具有用户规模大、社交属性强、互动能力强等许多特点，可以与微信公众号、小程序、社群等工具相结合，切实提高用户数量与用户留存。

（3）私域流量契合客户属性更全面

会员制的模式相对固定，其关键点主要在于设置进入门槛、会员级别以及相应的会员权益。私域流量可以直接触及终端用户，其关注点在于客户本身。为了吸引客户，企业必须做好IP或品牌塑造。从这个层面来讲，相较于会员制来说，私域流量的适用范围更广，可以用来转化任何属性的客户。

（4）私域流量成交产品种类更灵活

企业采用会员制的主要目的在于建立客户会员系统，刺激客户产生购买行为。但因为会员体系存在诸多限制，顾客购买的产品大多是制度内的产品，产品选择具有一定的局限性。

虽然私域流量的最终目的也是达成交易，但在私域流量模式下，可以成交的产品种类非常多，不仅包括实物产品，也包括虚拟产品，所以成交产品的选择可以非常灵活。

现阶段，随着用户红利即将触顶，企业的获客成本、互联网营销成本越来越高，互联网市场的竞争也越来越激烈。企业想要在激烈的市场竞争中占据一席之地，必须开展精细化运营，提高营销效率，降低营销成本。

从用户角度看，目前主流的消费者在选购产品时既保持着一定的理性，但也非常容易感情用事。对于一个产品或品牌，他们往往有自己独特的见解，对产品质量的要求很高，而且产生了很多个性化的需求，更加注重消费体验。这与私域流量的运营思路非常契合。企业面向这类用户开展私域流量运营，不仅可以降低用户维护成本，而且可以满足用户的多元化需求，切实提升用户体验。

而会员制更注重对客户进行分层管理，虽然相较于私域流量来说，会员制的适用范围比较小，但其布局能力更强，对用户精细化运营效果比较好。因此，在品牌建立与营销的过程中，要对会员制与私域流量这两种方式进行综合利用，将他们各自的优势发挥出来，取得

1+1＞2的效果。

03 会员经济的三种模式

在当今社会，会员经济之所以能够流行，其中蕴藏着一些通用的规律：

- 会员经济创造了经常性收入，可以帮助商家获得可预测的现金流。
- 会员经济有一个自我反馈的客户转换漏斗，可以帮助商家通过客户反馈降低增量成本。
- 会员经济可以产生大量数据，帮助公司改进运营策略，增进对客户的了解。

虽然会员经济的逻辑都是前期付费、后期获取收益，但其实会员经济的模式有很多，可以细分为订阅会员、功能会员和生态会员，这三种会员模式的服务深度、广度依次递增，主要体现在以下几个方面：

- 忠诚度：与品牌建立持续、稳定的联系。
- 订阅：定期提供固定价值，以证明经常性收入的合理性。
- 社区：发展网络效应，提升会员价值。

◆订阅会员

Netflix（网飞）等流媒体平台最常用的就是订阅会员，先收取一笔订阅费，这是平台最主要的利润来源之一。从某种程度上说，订阅会员就是“预付费”，其价值不在于获得前置现金流，而在于缓解财务风险。

据了解，2018年，订阅会员为Netflix贡献了157亿美元的收入，这是Netflix全年总营收。其中76亿美元来自美国本土会员，77亿美元来自海外会员，还有3.6亿美元来自美国本土DVD会员。从严格意义上来讲，Netflix的会员收入占比达到了100%，至少是流媒体会员收入占比的97.5%。

◆功能会员

QQ会员、微博会员等是最典型的功能会员。功能会员通过支付会员费可以获得一些专属功能，例如专属皮肤、专属背景等。平台推出功能会员的主要目的在于增强用户黏性，会员费并不是平台的主要收入来源。例如微博在2020年第一季度的净营收为3.234亿美元，其中2.754亿美元来自广告和营销收入，会员业务的贡献基本可以忽略不计，远远低于Netflix等流媒体平台。

◆生态会员

阿里的88VIP、亚马逊的Prime会员、京东的PLUS会员等都属于生态会员。阿里巴巴、京东、亚马逊等平台型公司旗下有很多业务，这些业务之间可以联动形成社区，产生一定的网络效应。在这些公司的总营收中，会员业务收入占比非常低。这些平台推出生态会员的主要目的是与用户保持密切联系，拓展用户圈层，建立一个庞大的商业网络。

订阅会员、功能会员将原本免费的资源转变为收费资源，通过一些特殊权益或功能获取收益，例如会员专属背景音乐、会员专属电子书等。生态会员的运营逻辑与此有很大不同。亚马逊推出Prime会员，其目的是利用高速的物流与增值服务增强用户黏性，吸引新用户，刺激用户重复购买，提高单次购买额度，形成“飞轮效应”，进一步增加客流，加快企业的运转速度。

亚马逊Prime会员只能享受亚马逊生态体系内的权益，阿里88VIP会员不仅可以在天猫、淘宝等电商平台享受购物优惠，还可以享受优酷、虾米音乐、饿了么外卖、淘票票电影以及星巴克等国内外品牌供应商提供的各种权益。

由此可见，相较于亚马逊Prime会员来说，阿里88VIP会员最大的优势就在于构建了一个跨时空跨场景的商业生态，为品牌运营、用户管理、渠道拓展、产品开发提供了极大的便利。

对于天猫、淘宝等平台上的商家来说，借助相互连通的平台会员体系，可以增进与消费者的连接，将线上、线下打通，使原有的会员体系得以拓展。例如：借助88VIP会员体系，三只松鼠的客单价提升了20%；欧莱雅每获得100名顾客就有67人是88VIP会员；甚至星巴克都可以从88VIP会员中获得30%的客流。

从某种意义上来说，购买会员已经成为人们的一种生活方式，与当下不断升级的消费习惯与商业环境相契合。例如，购买一个88VIP会员在天猫、淘宝等阿里系平台吃喝玩乐，享受各种优惠；购买一个爱奇艺会员在家观看VIP电影、电视剧或综艺节目等；购买一个知乎会员看知乎Live等。

其实，这种购买会员的风潮早在1970年的美国就已经出现。当时，连锁超市Costco会员形成了每周逛一次Costco的习惯，购买一周的蔬菜、水果、面包、饮料、日用品等，然后在门口的食品区买一份热狗或者比萨享受一顿午餐，最后给车加满油，开车回家。

久而久之，这些Costco会员形成了强烈的中产身份认同，甚至引导美国一部分消费者形成了中产生活方式。这个事件阐明了一个道理，即会员经济其实就是一种社会分层，其所蕴含的商业逻辑就是让更多人享受到更加多元化、更加优质的服务。

04 如何玩转付费会员制

从本质上看，付费会员就是让用户感受到超乎预期的价值，重复消费，让商家获得源源不断的利润。付费会员要求用户先交钱再享受专属权益或服务，那么这里就有一个问题，就是对于用户来说，所支付的会员费与所享受到的服务的价值是否对等，这笔交易是否划算？对于这个问题，不同消费层级的用户有不同的答案。只有大部分用户肯定这笔交易的价值，才会产生大量的付费行为。

另外，虽然用户付费购买会员的行为是在瞬间发生的，但可以获得持久的收益，这一点很多用户都无法感知。因此，对于平台或者商家来说，获得付费会员的关键就是让用户感知到会员的价值。具体来看，平台或者商家需要做好以下三点：

◆步骤1：让用户与平台、商家绑定

每位用户都对会员价值有自己的判定，但有一个公式依然具有普遍适用性，即：

用户付出＜未来可得到的价值+即时得到的价值

例如某售卖零食的店铺推出一款会员卡，售价99元。对于大多数用户来说，花费99元购买一张零食店的会员卡的性价比比较低。为了打消消费者的这一顾虑，店铺就要在会员权益设计方面下功夫，例如：

- 送价值129元的零食大礼包；
- 送价值199元的多张优惠券；
- 送价值50元的小工具；
- 享受10%推广返佣；
- 享受5次免运费订单机会；
- 9折会员消费折扣；
- 享受3次大转盘抽奖机会（必中）；
- 生日当天获赠88元大礼包；

……

总之，会员权益设计要遵循一个核心准则，就是最大程度上吸引用户关注，在最短的时间内刺激用户产生付费冲动。阿里88VIP会员设计遵循的就是这一原则，首先利用一个较高的门槛让用户感受到这张会员

卡的价值——“淘气值超过1000可88元开通88VIP，不足1000则需要支付888元/年”。

之后，淘宝又列出了许多权益，如精选品牌全年9.5折、天猫超市全年9.5折、天猫通用红包每月4张、网易云音乐黑胶VIP、饿了么吃货节240元红包等，刺激满足条件的用户立即付费，不满足条件的用户积极做任务提升淘气值。

对于平台来说，这个环节的主要目的不是赚取会员费，而是增强用户黏性，将用户与平台绑定在一起。当一个用户在某个平台或者店铺投入了大量时间与金钱之后，转向其他平台或者店铺的成本就会增加。

在这种情况下，用户在产生消费需求或者看到一件商品产生购买冲动时，会优先考虑会员身份所属的平台或店铺。虽然平台或店铺无法从用户购买会员这个交易过程中获得太多利润，但随着付费会员的数量持续增加，就可以通过越来越多的交易行为获得源源不断的收益。

当然，这些都是理想化的结果，实际上，即便能吸引用户购买付费会员，可能也不会有会员重复购买产品。但从用户的角度看，他们通过购买行为获得了会员专属权益，就意味着可以随时使用。

对于平台或者商家来说，用户在成为会员后的购买行为才是主要的获利来源。因为用户在决定购买某平台或店铺的付费会员时，就已经做出了未来要在该平台或者店铺消费的决定。

◆步骤 2：付费不是结束，运营才是关键

各项方案在落地过程中难免会遇到一些障碍，虽然付费会员可以让用户享受到实实在在的利益，但对于商家来说，会员制不一定能带来预期的转化和增长。在会员制中，吸引用户付费成为会员是第一步，提醒

用户消费才是最关键的环节。

因为如果购买会员的成本比较低，用户购买之后就会忘记使用。在这种情况下，商家就要及时提醒用户，让用户产生“买到就是赚到”的认知，刺激用户做出购买行为，只有这样才能获得实实在在的收益。

例如，用户购买了某个商家的会员卡，虽然获得了很多权益，但却总是忘记使用，甚至在购买同类产品时忘记自己在哪家店铺开通了会员。但如果商家经常向会员推送一些活动，或者设定一个会员日，定期推出会员活动，就会在用户心中有了存在感，从而刺激消费，最后，养成消费习惯。

在这方面，“老婆大人量贩零食”就做出了很好的示范，每个月的8日，会员都可以享受8.8折优惠；每月18日，会员可以用一积分领取专属零食。久而久之，用户就感受到了这个店铺会员的价值，非会员用户会主动付费加入会员，会员用户会积极参与活动，享受专属优惠，给商家带来源源不断的收益。

在用户与平台绑定之后，平台的主要任务就是不断地触及用户，向用户推销会员服务。根据“二八法则”，20%的用户创造80%的利润。平台通过会员制筛选出这部分用户之后，要将会员用户与非会员用户区分开，有针对性地进行运营，充分释放20%的会员的购买力，以获取最大化的利润。

◆步骤3：特色化付费会员制

（1）不断迭代

在产品、平台严重同质化的当下，平台或者商家想要塑造一个有价值的会员体系，必须坚持与时俱进，完善自己的会员制，不断地迭代更新，彰显自身特色。

（2）物超所值

在用户尚未成为会员之前，平台或商家要用最简单、最直白的方式让用户感知到这个会员的价值。例如，同样是付费99元成为会员，用户可以从甲平台得到199元的商品，却只能从乙平台得到99元的商品。在这种情况下，用户会如何选择？答案显而易见。所以，在忽略外部因素的影响下，平台或者商家必须让用户产生“物超所值”的感觉。

（3）合纵连横

平台或者商家要明确一点，个体的力量往往是有限的，如果可以与其他平台或者商家合作，就有可能取得“1+1>2”的效果。

例如京东会员与爱奇艺会员绑定售卖，原本用户单独购买一年京东会员需要支付149元，单独购买一年爱奇艺会员需要支付178元，二者绑定之后，只要支付149元就能获得两个会员权限，对用户的吸引力不止翻倍。

虽然付费会员制的优点有很多，但不是所有商家或平台都可以使用。如果是一个刚诞生的平台，知名度、影响力还没有形成，贸然推出会员很难吸引用户付费。因此，付费会员的推出要讲究时机，而时机在很大程度上取决于产品的成熟度。另外，会员权益的设定也非常重要，会员权益是否切中了用户需求，会直接影响用户的购买意愿。

【案例】揭秘京东PLUS会员体系

在国内，京东是第一个尝试付费会员的平台。2015年10月，京东PLUS付费会员体系上线。此后五年，付费成员体系逐渐成为电商平台的标配。

根据京东官方发布的数据，截止到2019年11月，京东PLUS会员数量已经突破1500万。但相较于拥有1亿会员的亚马逊来说，京东PLUS会员体系还有很大的成长空间。但对于国内推行会员制的平台来说，京东对付费会员制的探索仍然具有指导意义，主要表现在以下三个维度。

◆第一个维度：会员价值的基础搭建

目前，京东PLUS会员体系有两条主线：

第一，可以对用户的购物行为产生直接影响的京享值体系，京享值数值与用户消费频次、在京东平台的活跃度、信用分等成正相关关系。用户想要解锁闪电退款、上门换新、以换代修、京享礼包等特权，京享值数值必须达到特定的等级，例如5000分、10000分、20000分等。在京享值体系内，用户的购买频次越多，消费额越高，所能享受到的会员服务就越多。

第二，付费PLUS会员，规定年费是198元，但京东会按照铜牌、银牌、金牌、钻石等不同的等级为用户提供折扣，最低的钻石会员的年费为148元。刚性年费虽然提高了用户门槛，但也可以让用户享受到更多“有设计感”的权益，例如10倍购物返京豆、全年360元运费券大礼包、爱奇艺VIP会员、免费上门退换货等。

这里的"设计感"主要体现在除爱奇艺VIP权益外，其他会员权益与购物之间的关联非常紧密，都建立在用户高频次购物的基础上。因为只有高频次地购物，会员才能充分享受京东提供的专属权益。

◆第二个维度：联合会员的黏性收益

2018年4月27日，爱奇艺与京东达成独家战略合作关系，实现会员权益互通，吸引了广泛关注。权益互通上线不足1个月，爱奇艺与京东发展的联合会员数量就突破了100万。未来，以京东为核心，将有越来越多的合作者加入这个会员体系，通过权益共享共同吸引新客户，增强老客户的黏性。

联合会员想要保持对用户的吸引力，获取黏性收益，首先要保证性价比，其次要为用户提供货真价实的服务。在最初与爱奇艺的合作中，京东之所以相信自己可以将通过爱奇艺吸引的会员沉淀到自己的会员体系中，一个非常重要的因素就是其在电商领域深耕多年，已经形成了丰富的产品、优质的服务以及强大的物流体系，具备了满足新会员多元化、高质量的消费需求的能力，可以培养他们在京东购物的习惯。

◆第三个维度："无界会员"的场景交叉

2018年，京东提出"无界零售"这一概念，之后迅速进行线上线下一体化布局，试图打通线上线下数据。在整个过程中，京东会员发挥了极其重要的作用。其实，京东提出的"无界零售"并不是简单的线上线下融合，而是将零售活动融入生活的各个场景。因此，京东PLUS会员体系接下来的重点任务也是线上线下的全场景植入。目前，京东已经在线上做了很多布局，包括联合会员、“京×计划”等。

现阶段，在线下布局已经成为各大电商零售巨头的共识，因此，线下会员场景的争夺将变得非常激烈。京东最大的竞争对手阿里巴巴已经与饿了么结盟，利用线下特权增加用户的使用频率，同时为线上其他服务导流。

京东PLUS会员体系也在努力布局线下：用户在线上领取优惠券之后，可以在线下支付时直接抵扣。对于独立运作的店铺来说，使用线上优惠券到线下消费直接抵扣是最简单的O2O玩法。但是对于连锁店铺来说，这种玩法需要京东强大的后台数据系统提供支持。

除此之外，京东布局线下还有另外一条路径，就是线下会员联合。未来，京东可能会和航空、酒店、旅游等领域的企业合作，打通各类会员体系，支持消费者线上领券、线下消费，用相对较低的成本享受高端的线下服务。

在京东的线下会员联合策略中，与爱奇艺的会员权益的打通是非常关键的一步，用权益破除场景限制可能是布局线下的一个重要战略。目前，各品牌、平台独自搭建的线上线下的会员体系非常多，电商平台的权益触达很难突破线上线下的界限，触及线下用户。在无界零售战略的支持下，京东PLUS会员体系有可能不断地向线下延伸，搭建一个线下跨品牌会员体系。无论最终能否取得预期的结果，都将给传统零售行业产生深远影响。

商家先通过征收会员费获取消费者剩余，然后再用较低的商品价格刺激消费者重复购买，以获得更高的营业收入，增强用户黏性，吸引新用户，刺激用户重复购买，提高单次购买额度，形成“飞轮效应”，进一步增加客流，加快企业的运转速度。

总之，会员制以提前获取消费者剩余为底层逻辑，凭借其强大的布局能力，以及较理想的用户精细化运营效果，在私域电商的品牌营销中，极大地提升了用户黏性和会员复购率，发挥出巨大的优势。企业和商家都应该充分认识到存量时代搭建起会员体系的重要性，积极地参与其中，从获客难的困境中突围出去。

第十章
社区团购：抓住百万级社区流量

01 后疫情时代的零售新物种

2020年7月22日，科技媒体36氪透露了一个社区团购行业的重磅消息：国内头部社区团购平台“兴盛优选”即将完成C+轮融资，融资额高达8亿美元，融资后的市场估值可达40亿美元。

无独有偶，5月30日，美食社区电商平台十荟团完成C轮融资，融资额8140万美元；6月10日，社区生鲜电商同程生活完成C轮融资，融资额2亿美元。可见，现阶段，社区团购已经成为一个投资热点，吸引了各大头部电商纷纷开始入局。

在拼购电商时代，社区团购还是一个新物种。2020年初，受新冠肺炎疫情影响，人们的日常消费方式有了很大转变。社区团购成为疫情期间流行的消费方式。通过实践验证，人们看到了社区团购的巨大价值，许多电商点燃了掘金社区团购的热情。

◆社区团购的运作模式

社区团购是以线下社区为基础组织起来的，组织者会在社群内开团，先收集社区居民的需求，然后组织社区居民在线拼团并完成线上付款，接着按照订单统一发货，最后让社区居民到小区门口自动提取商品。从本质上看，社区团购就是一种以真实社区为基础从消费端驱动供应端的电商渠道。社区团购在形式上与S2B2C[1]社群分销非常相似，是一种在销售渠道领域的创新。

社区团购模式主要由团购平台、团长和社区居民三方共同参与。其中，团购平台至少起到了三个方面的作用：一是提供完整的产品供应链；二是提供物流仓储支持；三是提供售后服务。

团长可以是个人（如宝妈、楼道长），也可以是社区便利店，主要发挥以下四个方面的作用：一是负责社群运营；二是负责链接投放；三是负责订单收集；四是负责货品分发。社区居民一般会通过社群参与低价拼团和下单，然后通过自取商品完成交易。社区团购的运作模式如图所示。

1　S2B2C 是一种全新的电子商务营销模式，将供货商、分销商和采购商三者无缝结合实现供销一体化营销。

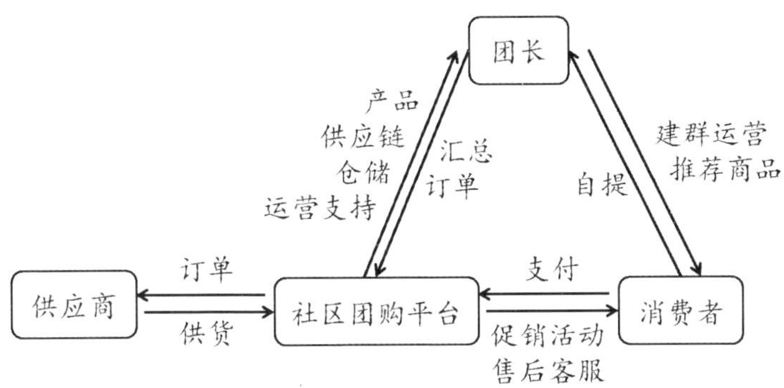

社区团购的运作模式

2016年9月成立的社区团购平台——“你我您”第一次实现了真正意义的社区团购，这是国内相对成熟的社区拼团营销的首次尝试。在社区团购的众多方法之中，“你我您”选择了最经典的策略，即利用社区微信群组织团购，这种方式在长沙各个社区一落地就大获成功。

“你我您”将社区作为切入点，以家庭消费为主要消费场景，积极招募社区成员或社区店主成为团长，建立小区业主微信群，让团长在微信群内推广团购商品、发布团购链接，吸引用户通过微信小程序拼团下单，并在次日将订单商品统一发送至团长处，由顾客到团长处提取商品。交易完成后，团长可以从电商平台获得佣金。

“你我您”的成功创立和兴盛优选的强势崛起，让社区团购模式的盈利能力得到了验证，吸引了各大电商相继入局。

◆社区团购的发展历程

社区团购自2016年兴起，于2018年3月开始逐渐成为资本市场备受追捧的对象，继实现迅猛发展。究其原因，有以下几点：

★得益于微信庞大用户群带来的红利；

★源于市场对社交消费新渠道的追求；

★一些客观条件驱动了社区团购发展，例如成熟的移动支付系统和高度发达的同城配送服务等；

★拼多多的成功上市也证实了社区团购模式的可行性；

★红杉资本、IDG资本、愉悦资本、真格基金等资本巨头的入局同样推动了社区团购发展。

具体而言，社区团购的发展历程如下：

2016年，社区团购从一线城市向二线城市发展，以QQ群、微信群为载体，“手工”记账，甚至在长沙掀起了百团大战。但这一时期社区团购的SKU（Stock Keeping Unit，库存量单位）品类有限，很容易触到天花板。

2017年，微信生态持续释放红利，小程序发布提升社群交易效率，社区团购开启线下店模式，有供应链资源的企业备受青睐，SKU品类扩充开启，三线城市开始发展。

2018年，社区团购平台备受资本青睐，整个行业获得融资超过40亿元，在资本的催化下，一些社区团购企业获得了快速发展。

2019年下半年开始，全国性平台倒闭关停、地区性平台被兼并事件层出不穷，许多社区团购企业资金链断裂退出市场。

2020年，受新冠肺炎疫情影响，无接触配送的社区团购成为保障民生的重要渠道，一些平台借势崛起，自建渠道，再一次成为资本的重要关注对象。

◆社区团购的商业本质

从商业属性来看，社区团购反映出三大逻辑：

（1）社区商业化

社区商业不是流量竞争，而是存量竞争。存量商业与增量商业的最大不同在于其所服务的人群是固定的。这部分人群可能集中在某个小区内，也可能集中于某个写字楼内，还可能集中于某个宿舍内。与增量商业相比，存量商业无须考虑获客压力，只需要考虑如何提高现存用户的转化率和复购率。

新零售如何做好商业化社区团购呢？

这首先需要两个重要前提：一是要确保商品的品质，二是要挑选贴合人群定位的高频交易商品。正是基于这两个前提，社区团购才有了鲜明的产品特征。目前，在社区团购商品中有两类商品占比最大，一是母婴品类，二是生鲜品类。

（2）私域商业化

社区团购的基本交易场景是微信社群交易。在传统的电商平台购物需要进行一系列繁琐的操作，例如在主页面搜索商品、查看商品详情、浏览商品评价、下单支付等。与之相比，社区团购微信社群交易简单、便捷，用户只需要在微信群内说明需求，然后在线转账，就可以静等商家发货。

微信拥有社群、朋友圈、附近的人、附近的小程序、分享、支付等多种原生工具。将社群团购与微信原生工具相结合，可以基于微信生态打造一个完整的社区团购业态。

（3）人脉商业化

团长和团员是社区团购的两大主体，两者都是社区内的消费者，都能基于真实的社区进行消费交易。社区团购是通过信任组织起来的购物场景，而信任需要一定的感情基础。因此，社区团购一方面要严格保障商品质量，另一方面也要维护好与社区居民之间的关系。

以母婴商品的社区团购为例，电商最好任命社区内的宝妈担任团长。因为宝妈本身就是母婴商品的消费者，让她们担任团长可以增加用户的信任感，也更容易在社区群内促成母婴商品的交易。在交易过程中，社区居民会将对宝妈的信任转嫁到其推荐的商品身上。另外，宝妈担任团长可以以“邻居”的身份与社区居民建立情感连接，通过长年累月的积累，可以与团员建立坚不可摧的信任关系。

◆社区团购的未来空间

根据社区团购的渗透率来估算其总体的市场规模。目前，社区团购的头部电商在一个社区内的月销售额约为2万～5万元。假设一个城市有1000个这样的社区，那么该城市社区团购的年交易额为2.4亿～6亿元，我国600多个城市所形成的市场规模就约为1440亿～4000亿元。

社区团购采取“先下单再订货”的模式，所以，对价格敏感的人群要比对实效敏感的人群更容易成为其消费者。目前，在一、二线城市的社区中，前置仓、mini店等模式的竞争压力非常大，但是社区团购却没有太大的竞争压力。同时，相较于一、二线城市，社区团购在三线及以下城市更受欢迎。

受新冠肺炎疫情影响，人们对社区团购这一概念有了更深刻的认知，对这种电商模式的接受程度也提高了不少。社区团购在疫情期间为社区消费者解决了买菜难题，为全民抗疫做出了巨大贡献。

由此可见，社区团购的市场发展空间远超人们想象，需要重新计算。随着用户对社区团购的接受度持续增长，如果能将这一模式与生鲜行业充分结合，就能打造一种常规化、普及化的生鲜新业态。

02 社区团购的主要玩法攻略

对于大多数人来说，“社区”与“团购”是两个比较熟悉的概念，但对于“社区团购”都不太了解。作为一个新物种，“社区团购”在经历了大起大落之后于2020年再次成为风口。2020年7月7日，美团“优选事业部”正式成立，开始推出“美团优选”业务，正式进入社区团购领域。阿里巴巴紧随其后，在7月16日成立“零售通事业部”，开始筹建社区团购部门，准备进军社区团购。

目前，整个社区团购市场基本已经被四大玩家分割，分别是十荟团、大润发、阿里零售通、美团优选。这四大玩家分别以团长、驿站、便利店三种不同的载体为抓手，逐渐形成了比较成熟的模式。

◆社区团购的模式优势

社区团购之所以如此受人欢迎，就是因为它对传统的零售链条进行了重构，产生了独特的价值。具体来看，社群团购模式的优点主要表现在以下两个方面。

（1）社区团购足够前置

传统街道内商店的覆盖范围比较小，一般为三公里，社区团购不仅覆盖范围广，而且可以深入社区，缩短居民的买菜路程，从而增强居民黏性。对于社区居民来说，三公里范围内可以选择的店铺有很多，但出门即达的店只有一个。另外，社区团购深入社区，可以精准获取消费者需求，为消费者提供更加个性化的服务。

（2）社区团购足够省钱

对于居民来说，社区团购更加省钱，具体表现在以下三个方面：

- 降低损耗：社区团购的服务模式是居民先下单预订，商家根据订单准备商品，然后安排送货，这种按需供应的方式极大地降低了生鲜在存储过程中的损耗。假设在传统电商模式下，生鲜商家承接一个订单的成本是15～20元，那么在社区团购模式下，商家承接一个订单的成本只有1～1.5元。另外，在零售市场整个品类结构中，生鲜占比超过了30%。在不久的将来，社区团购有可能凭借极低的损耗率成为一种最常见的生鲜零售模式，意义重大。
- 获客成本低：生鲜零售最传统的获客方式就是投放广告增加大众认知，或者通过价格战拉新，成本比较高。而社区团购凭借团长在其所处区域的影响力获客，依靠人际关系引流，获客成本相对较低。
- 售卖价格低：社区团购先收集零散订单再集中下单，可以让消费者享受最大的实惠。在居民对价格敏感度比较高的城市，社区团购模式备受欢迎，可以快速拓展覆盖范围。

◆社区团购的玩法攻略

对于处在获客难、获客贵困境中的商家来说，聚焦精准而庞大的社区用户的社区团购是其摆脱这一困境的最佳路径。至于社区团购的玩法，美团、京东、阿里巴巴等头部阵营在模式和玩法上的探索与创新极具代表性，具体分析如下。

（1）按团长角色的玩法分类

目前，社区团购的团长主要由两类人担任，一类是宝妈，一类是店长，二者存在较大的差异，选择谁担任团长就意味着选择了不同的发展路径。

★“宝妈+社群”模式。

目前，美家优享（美菜网）、邻邻壹（鲜果壹号）、友家铺子（京东）、你我您团购、食享会、松鼠拼拼（美团）等选择的是宝妈担任团长，优缺点如下：

优点：

a.不用布局线下门店，可以节省大笔房租与人工开支，轻资产运营，成本相对较低。

b.宝妈本身也是消费者，与其他消费者的关系更近，更容易获得其他消费者的信任。

c.对于社区店无法覆盖的小区，宝妈可以深入其中拓展市场。

缺点：

a.宝妈的空闲时间很不稳定，尤其到寒暑假，孩子放假在家，宝妈的重心会转移到孩子身上，业务非常容易中断。

b.宝妈虽然希望通过一份工作实现个人价值，但如果照顾孩子与工作发生冲突，宝妈会毫不犹豫地以孩子为主，拓展业务的时间会大幅减少。

c.招募社区宝妈担任团长的难度比较大。

★“店长+社群”模式。

目前，兴盛优选（芙蓉兴盛）、考拉精选（新高桥）、美宜佳选（美宜佳）、苏小团（苏宁）、虫妈邻里团（拼多多）、一米鲜生活（百果园）等采用的是店长担任团长的模式，这种模式的优缺点如下：

优点：

a.拥有线下门店作为提货点，可以在一定程度上打消消费者的疑虑，为平台宣传、推广奠定良好的信任基础。同时，发展店长担任团长的速度比较快，而且可以将线下门店作为前置仓，为消费者提供更加优质的服务。

b.如果店长在社区有实体店，而且拥有稳定的客源，就可以相互引流。另外，社区店可以存储特定商品，支持消费者到店提货。随着业务量持续增长，平台拥有线下提货点可以实现更好的发展。对于社区团购来说，这些将成为“店长+社群”模式的独特优势。

c.店长销售能力比较强，线下门店可以让品牌更好地展示，让消费者体验到标准化的服务。

d.未来，在社区团购领域，“店长+社群”将成为一种相对稳定的模式。

缺点:

a.店长在负责社区团购事宜的同时也要做好自己的生意，而店铺生意会占用店长很多时间，导致店长没有太多时间与精力放在社区团购业务上。

b.店长对收入的要求较高，如果社区团购无法给他们带来明显的收益增长，他们开展社区团购的积极性就会降低。

综上所述，目前，社区团购形成了两种主流模式:一是“宝妈+社群”，一是“店长+社群”。由于现有的团长资源过于匮乏，所以大多数社区团购平台选择将两种模式混合在一起使用。

社区团购典型的模式应该是S2B2C模式，其中S指的是团购平台，B指的是团长，C指的是社区用户。在这个模式中，团长负责解决流量与渠道问题，团购平台负责提供产品，解决供应链问题。

（2）按商品供应链的玩法分类

如果按照商品供应链划分，社区团购可以划分为以下三种模式：

★主流模式：销地仓直接宅配给用户。

社区团购平台在批发市场所在地建仓库，自己组织物流进行配送或者将配送事宜外包给第三方，为消费者提供送货上门服务，或者支持消费者到指定地点自提。这种模式不需要在线下开设实体店，没有库存，而且减少了末端配送，只要做好线上运营与维护即可，但这种模式却无法保证运营质量。

★强企模式：企业有极强的供应链能力。

社区团购平台完成采购后，将商品配送到消费者所在地的仓库，然后通过城市物流配送到消费者所在的社区，最后为消费者提供送货上门服务或者请消费者到指定地点自提。虽然这种模式属于重资产运营，但可以切实保证产品质量，提高适配效率。目前，每日优鲜旗下的每日一淘采用的就是这种模式。

★前置仓模式：前置仓即时配送。

这种模式最大的优点就是配送速度快。用户下单之后平台会快速响应，并在半小时内将商品送到用户手中。目前，虫妈邻里团、天鲜配等平台采用的就是这种模式。

社区团购想要看到成效，运营方必须投入大量时间与精力进行深耕。基于这一原因，社区团购成为阿里巴巴、腾讯等互联网巨头无法快速渗透的一个领域。再加上在疫情期间，很多用户已经养成了社区团购的习惯，现在是布局社团团购的最佳时机。上面我们从团长角色与商品供应链两个维度对社区团购的玩法做了细分，每种玩法都有优缺点，商家或者个人要结合自己的实际情况综合考虑，找到适合自己的玩法才能获得成功。

03 商品的场景化运营

在产品商品化过程中，场景是以商品和人为基础的一种营销手段。社区团购是一种良好的零售渠道，需要电商在商品端、物流端和平台端进行切入尝试。然而，这些尝试都是在线上购物环境中展开的，容易造成消费者的购物体验缺失，需要场景来弥补这一感知断层。

◆商品场景化的分类

社区团购以人的关系为基础，通过与社群结合，打造出更好的传播环境，实现产品商品化。社群团购不仅可以交叉构建信息场景，还能够营造和拓展消费场景。因此，准确搭建商品场景一方面能使顾客产生购买意向，另一方面也能深度挖掘客户需求，同时还能让商品功能更好地展示出来，推进客户从需求到筛选再到成交的全过程。

在社区团购中，客户需求决定了商品场景化构建的出发点。因此，所有购物平台的客户需求可以大致分为三种，即消费降级、消费补充和消费升级。具体而言，消费降级强调利用商品方案寻找客户；消费补充强调对客户特定需求的满足；消费升级强调商品品质和消费必需性。通常，客户需求的差异会对商品的筛选、商品卖点的提炼、商品场景的搭建，以及商品复购产生影响。因此，企业和商家要从客户的需求入手，构建不同的商品场景。

一般来说，商品场景大致可以分为以下三类：

（1）需求/渠道场景

以母婴类产品场景化运营为例，紧抓“宝妈”的推广需求和消费需求，一方面可以辅助选品，另一方面可以在上线前帮助产品预热。

（2）选择场景

以顾客为中心打造购物体验，让消费者认同产品定位，看重产品品牌。这样一来既能辅助客户筛选商品，又有助于商品推广。

（3）消费使用场景

这是一种人与品牌、商品、功能的交互场景，围绕卖点的使用为消费者营造极具代入感的沉浸式体验环境，延伸和丰富用户对产品的体验，促使犹豫不决的客户购买产品。

◆社区团购的商品场景化传播

如何在社群中实现商品的场景化传播？如何“从0到1”实现商品销售爆发？

要实现这两点，就需要完成商品场景的孵化、培育、优化和落地。

商家可以通过构建需求或渠道场景、选择场景和消费使用场景有节奏地使商品实现场景化，通过社群氛围营造与优质文案配合调动用户的购买欲。当商品销售持续爆发之后，后续的工作是不断优化和执行消费场景，持续优化和把控商品质量，促进口碑传播，获取更多客户。

其中，想要以优质的文案调动起用户的购买欲，就必须精准地提炼出商品的卖点。商品卖点的提炼一方面要开发卖点对客户的价值；另一方面要挖掘、延伸和拓展卖点背后的意义，同时还要创造和整合场景素材，更好地向顾客呈现和传递商品价值，使顾客能够消化、接受和认可产品，最终促成交易。

具体而言，在提炼商品卖点时，可以从三个方面入手：

★品牌价值（稳定性、安全性、服务性、圈层感）；

★商品价值（外观、功能、价值）；

★延伸价值（功能延伸、跨界合作、社会化延伸）。

同时也要遵循四个基本原则：

★商品没有缺点，只有特点；找到特点，特点就是卖点；

★卖点不宜多，单次一个卖点为宜，最多不超过2个；

★单次对单个卖点进行场景化包装，并连续优化或是替换；

★实事求是，素材支撑力求真实，具有代入感。

在呈现卖点时，除了以传统的商品详情页结合精准解释卖点的文案来呈现，还可以加入场景化的案例、图片、小视频等，并辅以数据化的素材，给顾客尽可能地带来身临其境的使用体验。

具体而言，搭建商品卖点的场景可以从以下几个方面着手：

★功能使用场景具象化，如便携式mini榨汁机、从无味牙膏到有味牙膏等；

★知名人士亲测或体验，如盒马生鲜开业时，马云现场品尝生鲜；

★商家、商品的跨界呈现，如摩拜和诺心联名推出的蛋糕；

★相关线下已有场景叠加，如阿尔山环保手写瓶、环球捕手中国田扶贫；

★相关不同场景差异化呈现，如杜蕾斯六一儿童节营销；

★创建全新消费场景和体验，如蚂蚁森林。

总而言之，社区团购过程中，不同商品的场景化运营方案可以参照这一公式：

社区团购商品的场景化运营=需求场景+选择场景+消费使用场景+社交需求。

04 社区团购的落地执行方案

社区团购模式的落地是一个非常复杂的过程，下面从团长选定、规范管理、搭建社区团购促销页、毛利核算、运输配送等环节入手对整个过程进行拆解。

◆根据线上RFM用户模型，提取头部用户担任团长

RFM模型是一种应用最广泛的用户价值分析模型，可以对客户价值与客户的创造能力进行科学衡量。在RFM模型中，R指代Recency，指的是客户购买时间的长短；F指代Frequency，指的是客户的购买次数；M指代Monetary，指的是客户的购买金额。

在社区团购模式落地的过程中，“团长”选拔可以先利用RFM模型对用户进行分类，找到对平台满意度、黏性都比较高的用户，将其培养成种子团长。具体来看，找寻团长可以采用三种方式：

★根据品类偏好寻找团长

社区团购的商品主要有两大品类，一是母婴品类，二是生鲜品类。平台可以利用大数据在这两大品类中进行筛选，找到头部用户进行培养。

★根据社群密度寻找团长

这种方法主要是对团长社群密度与人脉密度进行综合考量，无法获取直观数据，可以将其作为硬性要求发布招募公告。例如，要求竞聘者至少拥有一个人数在300以上的业主群，报名时要提交截屏图片等。

★根据小区渗透率寻找团长

对往期交易数据进行搜集、整理，以社区为单位进行核查，了解新零售订单渗透率，从上到下进行筛选。每家门店在其所负责的社区中挑选出排名前5位的社区开展业务，最终综合多种因素选择一家社区寻找团长。

◆统一规范操作培训，从源头出发规范管理

对于社区团购来说，团长管理与培训会对后期业务的开展造成很大影响。为保证管理与培训效果，平台必须制订完善的SOP（Standard Operation Procedure，标准作业程序）手册，完善管理渠道。具体来看，团长培训主要包括五大内容：

（1）硬件系统操作培训

社区团购需要借助一些系统程序来完成，例如用户端系统、团长端

系统等。为了保证团购活动可以顺利进行，平台必须面向团长开展硬件系统操作培训，让团长熟悉各个系统的操作。

（2）硬件线下流程培训

在完成操作系统培训，让团长熟悉了各项工作之后，平台可以模拟一个用户下单团购的场景。首先，用户扫码下单；然后，商品会在3小时内送达小区门口。此时，作为主对接人的团长根据订单对商品进行分类，送到各家各户。

（3）平台促销信息沟通

团长每天要定时向用户推送促销信息和关怀信息，推送次数不宜过多，只要保证用户接收到关键信息即可，以免适得其反。

（4）居民用户私域管理

在社区团购模式下，居民用户私域管理涵盖的内容非常多，具体包括业主社群管理、社群关系培养、社群互动活动方案、社群售后介入、社群消息推送等。为保证培训效果，平台要制订统一的私域社群流量管理方案，提升团长管理社群的能力，切实提高社群管理效率。

（5）统一社群管理团长

总部要做好对团长的管理工作。前期，总部可以组织开展小规模的人员管理，为团长答疑解惑。后期可以使用一些工具对团长收益进行管理，进行PK激励等，保持团长工作的积极性，保证社区团购业务的可持续性。

◆挑选核心高频、优势品类，搭建社区团购促销页

根据社区团购的商业规则可知，社区团购强调的是“人脉信任”，要从社区需求出发锁定目标商品的品类。

（1）高频品类选“生鲜”

生鲜产品在社区团购商品中的占比最大，是社区团购的主营品类。因为想要在线下社区场景中培育用户的线上消费习惯，必须经营一些刚需产品。

（2）优势品类选“母婴”

母婴商品的客单价比较高，而且对产品安全、质量的要求非常高。有宝宝的家庭选择母婴产品时不仅会考虑产品质量，而且会考虑用户评价，也就是产品的口碑。而团长拥有较好的信任基础，在经营母婴产品方面拥有天然优势。

（3）预售品类社区团购

预售拼团有两大好处：

第一，可以根据用户订单经营活鲜，例如新鲜的鲤鱼、草鱼、黑鱼、虾、贝、生蚝等。为了规避风险，社区实体生鲜店在不清楚销量的情况下一般不会经营活鲜。而通过预售拼团可以预估社区用户对活鲜的需求量，定额分配，满足其对活鲜的需求。

第二，可以控制门店损耗。预售拼团可以让门店根据订单配货，从而减少库存与损耗。

◆毛利核算，用物流成本补足促销成本

在社区团购中，毛利核算是最关键的一个环节，会对最终利润统计产生直接影响。一般来讲，毛利核算要做好以下两件事：

（1）取样测试获客成本和物流成本

社区团购想要节省成本，必须从获客与物流两个方面下功夫。获客成本与物流成本的核算需要借助取样测试对范围取值进行分析，从中获

取两个单位的成本。

> 例如，平台先选择5名团长分别在各自所处城市的门店进行试运行，时间为14天，在这个过程中不做任何特殊的投入。14天之后，对这5名团长的运营效果进行对比分析，包括获取的新客数量、成交的单量、物流费用等。对5名团长取得的单位新客成本和单位物流成本进行计算，取平均值，最终得到一个可参考的成本。

（2）对比取样均值和平台常规值取差值

经测试得出单位获客成本和单均物流成本后，要将其与非社区团购下的获客成本与物流成本进行对比得出差值，将其作为团长工资和社区日常运营的促销投入。

◆稳定履约环节，波次配送控制线下拣货到运输成本

在社区团购模式下，零散拣货和零散配送是线下门店或前置仓面临的另一个难题。因为零散拣货和零散配送不仅会增加成本，而且会增加团长的工作量。在这种情况下，社区团购有必要采取波次配送模式，具体方法如下：

（1）一天两次或者三次配送，配送时间固定

每天选择2～3个固定的时间点进行集中配送，例如上午11点、下午6点、晚上8点等。配送开始前半小时，门店或者前置仓要完成拣货。

（2）合作社区物流串点配送

物流车队与团长所在的社区进行深度合作，选择一条最合理的配送

路线作为固定配送路线，车队在各个社区之间进行串点配送，切实提高配送效率，降低物流运输成本。

零售市场从来不缺少创新的商业模式，但很少有模式可以真正立足于用户体验。在这种情况下，以切实满足用户需求、提升用户体验为初衷的社区团购模式必将不断发展，在零售市场所占份额也必将持续提升。

【案例】社区团购赛道的主流玩家

社区团购“赛道”的入局门槛较低，扩张模式比较简单，因此很快进入“抢流圈地”阶段，这也是互联网公司在发展过程中必经的一个阶段。与其他电商风口相同，社区团购在发展后不久就迎来了“大洗牌”。商家想要在社区团购赛道中“生存下来”，必须具备雄厚的资金、优质的供应链和精细化的运营能力，三者缺一不可。

◆以十荟团、食享会为代表的创业新玩家

十荟团主打生鲜类产品，致力于社区家庭的日常消费，其线上阵地主要为微信小程序，核心抓手是社区团长。

除了在主打产品上拥有自己的特点外，十荟团的另一大特色是团长机制。十荟团会对每一位团长进行专业培训，教给他们专业的社群运营方法，促使他们将这套运营方法运用于熟人社交。

在精细化运营方面，十荟团一方面让微信群承担订货、退货、促销等各种团购服务，另一方面让团长每日在群内发布各种有温度的服务信

息，包括天气预报、美食菜谱、社区活动等，极大地优化了用户体验。

十荟团拥有自己的供应链，通过自建仓储配送系统，将商品的整个配送过程控制在14个小时以内。同时，十荟团也拥有雄厚的资金实力，自2018年成立以来，十荟团在短短两年的时间里就完成了四轮融资，融资金额超亿美金，投资企业不乏阿里巴巴这样的电商巨头。

◆以大润发+菜鸟驿站为代表的大零售商

大润发超市以实体门店作为货源仓储地，拥有一站式综合商品供应能力。除了拥有这一优势外，大润发还积极与阿里巴巴合作，借助其在全国的2万多家菜鸟驿站直接触达社区用户。

大润发以菜鸟驿站为商品自提点，将平台与用户的联络点从人转移到站点，解决社区团购过程中的团长缺失问题。有大润发的品牌作为背书，团长很容易获取消费者的信任。

大润发的商品结构为“爆款商品+快消品+一定比例的季节性商品”，商品SKU共有200～300个。目前，大润发在线上流量阵地方面并没有太多出色表现，之所以尝试进军社区团购主要是为了抵御线下门店的衰退。未来，随着行业转型升级，大润发也可能着重于线上流量运营。

以兴盛优选为代表的便利店团购模式

兴盛优选是社区团购的头部企业。根据兴盛优选公司的相关数据显示，该公司在2019年的总营业额超过了100亿元，比上一年增长了1250%。兴盛优选从湖南起步，在短短一年多的时间里就将业务拓展到了华东、华中、华南、西南、华北13个省和直辖市，发展势头非常迅猛。

兴盛优选在许多社区都设立了实体便利店，主要通过线上预定的方式来收集用户需求，用户下单后只要在实体便利店自行提取商品即可。兴盛优选通过这种模式可以将蔬菜水果、肉禽水产、日用百货等不同类别的商品精选出来提供给社区用户，形成良好的社区团购循环。

兴盛优选的社区团购模式是基于既有店铺开展的，团购商品主要是传统便利店不会涉及的生鲜类产品。以社区团购模式销售这类商品可以为便利店店主带来更多利润。因此，委任便利店店主担任社区团购的团长可以极大地降低团长的流失率。兴盛优选自建仓库和供应链，供应商只负责将商品配送至仓库，之后自营物流体系会自动完成商品分拣、打包、运输和提货等工作。

强大的供应链优势为兴盛优选引来了大量投资。兴盛优选是芙蓉兴盛的子品牌。芙蓉兴盛是湖南知名连锁便利店品牌，经过20年多年的运营发展已经建立起超过1.5万家线下门店。凭借在供应链和线下门店方面的优势，兴盛优选建立起“中心链——网格站——门店”三级物流配送体系。

兴盛优选原本只是想获得街边小店的销售增量，其体系中“团长”的地位并不高，它的成团逻辑主要是将扎根于社区的小店作为“据点”，为客户提供产品仓储服务。

社区团购是基于微信生态经营私域流量，打造出的一个完整的社区团购业态。在当下疫情的催化之下，这一私域电商模式很可能成为新零售时代的下一个风口。作为企业和商家，应该积极尝试社区团购的新打法，抓住这一赛道的商业新机遇。

第十一章
KOC崛起：私域时代的用户运营

01 从KOL到KOC：开启流量争夺战

进入存量时代之后，传统的广告宣传手段逐渐失效，企业的获客成本随着获客难度的不断增加而显著攀升。在此期间，企业对流量获取的焦虑不断蔓延扩散，一场更加激烈的流量争霸战将正在上演。

◆流量争夺的方式正在重构

目前，企业正在悄然改变自己的“作战方式”：在过去的流量争霸战中，企业主要通过资源投放获客，而在未来的流量争霸战中，企业主要通过圈养的方式获客。

“投放”包括传统的广告发布、搜索引擎优化等，通过强曝光来实现引流，从而达到转化和变现的目的。“圈养”则包含两大内容，分别是“圈”和“养”，“圈”指的是圈粉，“养”指的是忠实用户的养成。

举例来说，李佳琦被称为“口红一哥”。作为国民级的网络红人，李佳琦已经火爆全网，而这主要是源于他拥有一大批忠实的粉丝。目前，李佳琦已经在淘宝直播平台构筑起自己的口红粉丝圈层，将大量的公域流量引入自己的私域流量池，所不断地给用户“种草”，向粉丝推荐各种产品，实现带货变现。

由此可见，圈养的方式可以使流量运营者与粉丝在情感和认知上形成良好的链接，增强粉丝对产品的信任，让粉丝更容易接受产品，进而实现产品销售。

目前，KOC备受人们追捧，流量正向着私域方向转移，这些趋势表明传统的流量争夺模式正在改变，新的流量争夺模式呼之欲出。同时，流量向私域的转移也为人们对流量获取的焦虑找到了一个全新的释放出口。KOC运营模式备受瞩目，但在分析KOC运营模式之前，我们需要先了解一下KOL与KOC的区别。

KOL是营销学上的一个概念，它的定义为：拥有更多、更准确的产品信息，且为相关群体所接受或信任，并对该群体的购买行为有较大影响力的人。KOC是指可以对消费者的消费决策产生关键影响的一类人。KOC可以是消费者，也可以是创作者，拥有双重身份。

从本质上看，KOC本就是去中心化的KOL，是将“关键意见领袖”转化成“关键意见消费者”，因此KOC的营销门槛要比KOL的营销门槛低得多。过去企业需要花费20万元才能请一个KOL为自己做推广营销，现在花20万元便可以聘请上百个甚至上千个KOC为自己服务。如果企业没有足够的预算，可以选择与KOC合作进行流量渠道建设。因此，对于资金实力较弱却又迫切需要流量的中小企业、创业企业来说，选择与KOC合作是一条推广营销的有效路径。

◆从KOL到KOC的流量逻辑

虽然KOL与KOC字面意思非常相近，实际上却有天壤之别，如表所示。

流量逻辑	KOL	KOC
流量归属	公域流量	私域流量
流量层级	头部流量	腰部流量
流量效果	拥有显著影响力	具有突出真实性
流量角色	意见领袖	熟人朋友

KOL 与 KOC 流量逻辑对比

具体而言，从KOL到KOC发展，具有如下几个典型的变化：

（1）用户对产品的信任感发生了转移

媒介的日益丰富是KOC形成的主要原因。用户过去主要是通过广告来获取产品信息，其次才是通过KOL等意见领袖来获取产品信息，而用户现在一般会通过身边的熟人和朋友来获取产品信息。用户获取产品信息的方式发生了改变，信息实现了去中心化。

与广告和KOL相比，用户通常更信任熟人朋友。更重要的是，随着互联网不断发展，交流媒介越来越丰富，信息的传播效率也越来越高，用户可以更加方便、快捷地获得产品信息，并根据这些信息做出购买决策。

例如，小A的姐姐购买了一款新的智能手机，并将相关信息发到家庭群，并对这款智能手机的性能赞不绝口，小A看到后对这款手机产生了深刻影响，甚至产生了购买冲动。

由此可见，利用KOC可以实现良好的营销效果，可以使消费者更加信任和认可产品，甚至会促使消费者做出购买行为。从某种程度上来讲，KOC的营销效果可以与广告、KOL的营销效果相媲美。

（2）运营思维在转变：从流量运营到用户经营

虽然KOC可以提升用户对产品的信任感，给商家带来源源不断的客户，但商家不能将用户视为纯粹的流量，而应该认真地经营用户，不断加深用户的认可，维护好这份信任，否则很有可能导致用户流失。

在私域流量时代，商家要积极转变运营思维，将自己的思想从流量运营转移到用户经营上来。这种思维的转变蕴含着一个深刻的道理，即新时代的企业应该把目光从如何获取更多用户转移到如何为用户创造更多价值之上。

因此，商家要对自己的流量进行精细化运营，要根据用户的行为数据来分析他们的需求，要有针对性地向用户推送内容，为用户提供更优质的产品和服务，在这个过程中，企业要根据用户数据的变化持续优化用户策略，不断提高用户的留存率、转化率、复购率，充分挖掘用户的潜在价值。

（3）加速了产品的增长变现效率

衡量增长变现通常有两大数据指标，分别是LTV和CAC。其中，LTV指的是单个用户通过购买产品为企业贡献的总价值；CAC指的是企业获取单个用户所花费的成本。

显然，只有当LTV大于CAC才代表增长，还有一种观念认为当 LTV 除以CAC的值大于3时才能视为增长，而LTV减去CAC的差额可以看作增长带来的“利润”。

KOC以熟人社交为基础，更容易通过传递信息获取用户，获得用户的信任。因此，KOC的用户获取成本更低。如果用户的价值不变，KOC可以切实提高产品增长变现效率。

另外，如果以KOC为基础进行社交裂变营销，LTV就会增加，产品增长变现的效率就会提高。由此可见，KOC和社交裂变是产品增长变现的两大重要引擎，两者合作发力可以更快地推动产品变现。

02 KOC私域电商的运营路径

由于KOC的社交关系可以极大地增加用户对产品的信任，促进产品交易与变现，因此，利用电商进行变现逐渐成为KOC获利的主流方式。对于私域电商来说，KOC是一个非常重要的角色，在整个交易过程中发挥着非常重要的作用。

KOC能够连接商品与用户，形成一条完整的供需链。在产品供给方面，KOC 可以通过选品为用户提供优质的产品；在用户需求方面，KOC 可以通过获取用户信任达成交易，以优质的产品来满足用户的需求。

◆产品供给：要根据用户画像来选品

私域电商如何选择产品呢？一般来说，母婴产品、美妆产品、保健品、知识付费类产品等是比较常见的产品品类。但这些选择都不够精细，想要精准选品，必须根据用户画像进行。从用户角度看，想要让用户对产品产生浓厚的兴趣，就要找到更精准的用户群；从产品角度来，想要产品更容易成交，就要选择更符合用户消费习惯的产品。

举例来说：假设你的私域流量池中聚集的用户都是职场人，他们来自各行各业，拥有不同的职位和工作经验，有的已经为人父母，有的则仍处于单身状态，但他们都有通过学习提升自我的需求。针对这样的用户群，如何你是KOC，你应该如何向他们推广产品呢？首先，你需要仔细分析职场人群的特点，尽量向他们推广情绪控制、交流沟通、理财、教育等能够实现自我提升的通用类课程。

如果你从事育儿行业，那么你就应该将已婚已育的父母作为自己的目标客户，私域流量池应该多聚集“宝爸”“宝妈”这类用户。你可以向“宝爸”“宝妈”推广育儿课程或者其他用于育儿和帮助孩子成长的产品。当然，聚集职场人群的流量池虽然也存在父母群体，但他们对母婴产品的需求程度远不如“宝爸”“宝妈”。

除了要根据用户画像选择合适的推广产品外，KOC还要多选择大品牌、高质量的产品，因为这样的产品更有利于取得用户信任，更容易打动用户，达成交易。如果产品质量存在问题，很容易损害用户对KOC的信任。

◆赋能KOC：激励机制让更多人成为KOC

在私域电商模式下，KOC是连接产品和用户的桥梁。KOC的数量越多，越能推动私域电商发展。对私域电商来说，大量的KOC就意味着能找到大量的用户来消费。因此，如果你想做私域电商，就应该建立良好的激励机制，通过利益驱动吸引更多的熟人朋友成为你的KOC，帮你带货，实现利润最大化。

在私域电商领域，分销是一种十分常见的KOC激励机制。有时候，电商不仅会鼓励KOC进行单独分销，还会鼓励他们组团分销。电商会建立一个奖金池，给业绩突出的队伍一定的现金奖励，借此极大地调动KOC的积极性，促使他们主动进行产品推广和销售。

想要提高私域电商的整体运营能力，必须建立良好的激励机制，吸引更多KOC帮助推广和带货。建立可行的激励机制是赋能KOC的重要环节，这一环节的实现既需要一系列营销工具的支持，也需要结合业务场景尽可能地满足KOC的需求。

◆用户付费：信任驱动最大化

信任是驱动私域用户做出消费决策的最大动力，只有尽可能地让用户对KOC产生信任感，才有可能促使用户消费。那么，如何增强用户对KOC的信任呢？关于这一问题可以从产品价值、品牌背书、用户评价、KOC评价四个方面进行论述：

（1）产品价值

让用户真正感受到产品的价值是非常重要的一步，需要KOC具备专业的产品知识，通过合适的方式将这些知识分享给用户，在用户心中建立具有说服力的专业形象。

（2）品牌背书

KOC可以借助产品的相关报道和品牌故事让用户对产品、品牌的理念有一个更深层次的感知，从而增强用户对产品的好感。也就是说，KOC可以通过产品背书让自己的分享显得更专业，让用户相信自己的分享。

（3）用户评价

用户在购买产品之前通常喜欢浏览用户对产品的评价，然后根据好评和差评做出购买决策。由此可见，用户评价是直接影响用户消费的关键要素。因此，KOC在向用户推荐产品时可以客观地将其他用户购买产品后的评价分享出来，重点突出产品的优势，促使用户做出购买决策。

（4）KOC评价

KOC应该首先成为产品的忠实用户，然后再把自己对产品的真实感受传递给用户，让他们感受到产品的真正价值。

总之，根据用户画像进行选品、完善激励机制扩大KOC队伍、建立起用户和KOC之间的信任感，做到这三个步骤，就打通了产品供给、赋能KOC、用户付费的闭关运营，完成了KOC私域电商的运营路径。

03 KOC变现：引流、促活与转化

KOC想通过私域电商变现，必须借助一些方法对私域流量进行精细化运营，下面从引流、促活、转化这三大方面进行具体论述。

◆引流

为私域流量池引流，KOC可以采用以下两种方法：

- 为用户设计合理、必要的消费场景，引导他们添加自己的微信号，让他们成为自己的好友；
- KOC既可以从以往的订单获取用户，也可以从同类产品的社群获取用户。需要注意的是，KOC获取用户时一定要设计好需求场景和引导话术，否则很难成功。

KOC需要结合自身业务需求选择引流方式，所设计的引流场景可以是售前咨询、售后服务或赠送优惠券等。另外，KOC如果能将自己的昵称、头像和问候语设计得非常完美，就更容易获得用户信任，更容易添加用户为好友。

◆促活

用户添加成功后，KOC还需要做好促活工作。用户促活的主要方法是在用户心中建立良好的形象或人设，使之不断强化，例如KOC可以通

过持续输出对用户有价值的内容来获取用户的好感和信任，输出内容可以借助朋友圈、公众号、社群等平台来实现。

在建立和强化人设的过程中，KOC可以采用以下五大策略来提高成效：

- KOC要围绕产品做好人设定位，打造个人IP；
- KOC要建立足够真实的人设，用真人、真情实感、真实场景打动用户；
- KOC要在输出内容方面始终保持风格的高度统一，以便形成鲜明的人设定位，增进用户的感知；
- KOC分享的观点要专业、易懂，这样既有价值又方便用户理解，更容易赢得用户的认同和信任；
- 刷屏要适当，不能过于频繁，否则会引起用户反感。

需要注意的是，在促活过程中，如果KOC突然中断内容输出，或者无法向用户提供真正有价值的内容，往往会造成用户流失，而想要召回流失的客户就需要花费更高的成本。

◆转化

转化就是要让流量变现，即让用户产生消费。而想要让用户产生消费，首先要在用户心目中建立信任，并让这种信任趋于最大化。那么，如何增强用户的信任呢？

首先，KOC要做好以下几项工作：

- 以用户比较容接受的方式表达产品价值；
- 通过品牌背书，提高自身的专业性；
- 利用用户评价，引导目标用户做出消费决策；
- 一对一沟通，实现定向转化；
- 根据用户标签，制定合适的交流话术；
- 利用KOC评价传达真实感受。

要成功实现转化，往往需要适当地进行活动造势。活动造势的主要目的是增强促单的氛围。至于采取什么活动，一方面要结合用户自画像进行设计，另一方面要根据用户需求进行规划。总之，无论采取什么方式，都要把活动价值清晰地展现出来，让用户产生获得感和满足感。

KOC服务的用户群是私域流量中的粉丝群。随着私域流量池逐渐增大，KOC会变成被粉丝熟知的KOL。如果KOL拥有足够强大的影响力，就可能成为产品或品牌的代名词，这样一来，就能衍生出个人IP。塑造个人IP之后，KOL的商业变现能力就能大大提高。因此，KOC要努力提高自身的竞争力，争取在流量争夺战中有所作为，只有这样才可能不断向着KOL，甚至个人IP的方向发展。

04 私域流量时代的KOC品牌营销

与KOL相比，KOC更贴近用户群，也更容易与用户群打成一片。对特定的用户群来说，KOC可以极大地影响他们的消费决策。因此，在产品或品牌营销方面，KOC拥有巨大的潜力。

◆KOC传播离用户更近

KOC虽然没有KOL那样的垂直营销力，但可以极大地影响垂直用户的消费决策，并能够带动其他潜在消费者购买产品。

KOC之所以对用户群具有巨大的影响力，原因有二：

一是KOC发表的看法更接近普通用户的看法。

KOL发布内容后，KOC在评论区对产品发表的看法往往能够成为人们关注的热点，并极大地影响普通用户的最终消费决策。因此，各大品牌将控评作为种草营销的主要手段之一。

二是KOC发布的内容通常具有浓厚的生活化色彩。

KOC扮演的是一个普通用户的角色，不会过分聚焦于产品或品牌，以这种身份为品牌背书更具真实感，更能赢得用户信任，从而影响用户的消费决策。

总之，KOC的产品推介要比KOL的产品推介更平易近人，对用户更有说服力。KOC本身是以普通用户的身份示人，所以他们与普通用户的关系更为紧密，发布的内容也更能影响其他用户。而KOL经常参与商业合作，他们发布的信息具有很强的营销性质，反而不容易获得用户信任。随着新一代消费群体的崛起，KOL推荐的信息会越来越难以取得年轻用户的信任。

◆KOC更具有传播爆发力

KOL与KOC之间的区别并不明显，如果将品牌传播链划分为头部、腰部、长尾三个部分， KOL就是可以迅速打造知名度的头部力量，KOC就是能够渗透用户的腰部力量。作为腰部力量，KOC虽然不能进行大范围的传播，却能够利用优质的内容实现低成本的阶段式爆发。最后的长尾部分就是普通用户，他们是营销信息和推荐信息的接收者，也是品牌传播链的“目的地”。

通过看热评制订购物决策已经成为现代人的一种消费习惯，而KOC是热评内容的主要输出者，其价值正是通过热评体现出来的。作为经典的传播素材，KOC的热评甚至可以引发病毒式传播。

对于品牌商来说，与处于传播链腰部的KOC合作具有以下优点：一是合作的成本比较低；二是KOC创作的内容更具真实感和说服力，能够增加用户黏性，获得用户信任，有助于商业变现与转化。因此，KOC会成为未来品牌传播推广的优质合作对象。

◆KOC要在哪里找

与KOL相比，KOC创作的内容往往不成体系。但是，正是由于缺乏这种系统化的创作能力，KOC才能在各大社交平台自由地进行自我表达和分享。

在品牌建设社群的过程中，KOC通常是“活跃分子”，他们不仅乐于向用户分享产品信息，还愿意分享品牌、产品之外的内容。KOC的优势十分明显，首先他们可能是垂直领域中品牌的资深用户，可以在不同圈层进行品牌传播，同时他们可以在各个品牌的用户群发挥自身影响力，与品牌运营人员保持长期的友好关系。

KOC是品牌精细化运营的主要对象，是品牌的核心用户。品牌在运营用户群的过程中，一旦发现KOC，就应该第一时间尝试与其进行价值绑定。与通过KOL直接投放广告不同，品牌与KOC合作偏向于一种弱性的合作关系，其营销方式主要是试用、分享等。在这其中，高度发展的KOC是品牌方“狩猎”的目标，因为这部分KOC正向着KOL成长和蜕变，具有较高的商业价值。但是因为无法利用数据化和自动化技术精准筛选这部分高价值的KOC，所以品牌方要在KOC发掘方面投入大量时间和精力。

品牌方不仅可以在用户群中识别、寻找和发现KOC，还可以自身培养创造KOC。随着私域流量的热度持续上升，许多品牌开始尝试利用个人微信号来添加用户。个人微信号可以摆脱官方形象对用户进行精细化运营，这也是制造KOC的一种常见方式。

此外，品牌方可以利用一些员工的个人号作为“私域流量池”的账号，在内部进行KOC孵化。但孵化KOC不是一朝一夕的事情，需要花费大量时间和精力，这也是私域流量要进行精细化运营的一个重要原因。

◆打造具有真实感的KOC

品牌要打造出具有真实感的KOC，关键在于人设的搭建与丰富。

一方面，KOC要根据品牌方预定的人设目标，通过分享自拍、段子、有趣的内容等与品牌不相关的话题来建立和丰满自己的人设，赢得用户信任。

另一方面，KOC必须作为一个真实的个体存在，并且要具备独立和自由的属性，能够根据自己的兴趣爱好在网络上分享内容。

对于大多数品牌来说，KOC的日常运营工作并不容易，维持一个真实的虚构人设难度很大，不仅要构建一整套高仿真的“剧本”，还要执行严格的落地政策。品牌方可以将KOC发掘和培育看作一种养成游戏。

但需要注意的是，KOC不能具有太多的商业化属性，否则会降低用户的信任度。一方面KOC不能在朋友圈中频繁分享与品牌有关的信息，很容易引发用户厌倦，甚至会被用户屏蔽；另一方面KOC最好不要通过利益诱导用户关注，因为一旦利益点消失，用户也会随之流失。

KOC想要获得用户信任，必须通过长期的努力来维持和丰富自己的人设，否则不仅不能说服自己，也无法说服潜在用户。

总之，在私域流量的热度持续升高，种草营销全面渗透的时代，品牌宣传可能借助KOC营销模式取得新突破。不过，私域流量需要进行长期精细化运营，所以KOC培养也要做好长期投入的准备。目前，KOC风头正盛，是营销圈讨论的热点。在私域流量模式下，KOC的传播优势十分明显，未来很可能会成为品牌营销的重要发力点，这就要求各大品牌商予以高度关注。

第四部分　玩转微信私域

第十二章
微信个人号：私域电商的核心工具

01 微信个人号的五大应用场景

我们常见的私域流量平台通常是基于微信生态的各种工具，包括微信个人号、微信企业号、微信群、公众号、小程序等。另外，一些App也是私域流量运营的良好平台。但通过综合分析可以看出，最有价值的私域流量运营平台非微信个人号莫属。

相较于微信个人号，公众号和微信群无法通过朋友圈曝光传播，无法进行一对一的深度沟通，更无法直接通过转账付费促成交易；而App用户卸载率较高，打开率较低，新平台几乎没有流量，难以实现推广。

显而易见，微信个人号具备这些私域流量平台所没有的优势，且拥有更强的包容性，因此具有更大的成交与变现的潜力。目前，绝大多数商家和品牌都有自己的微信个人号，并将微信个人号作为进一步发展的突破口。在这种情况下，企业之间的竞争将变成比拼微信个人号数量、团队成长速度、服务客户效率和整体管理成本的竞争。

总体来说，微信个人号的使用场景主要可以分为业务场景与管理场景。业务场景主要是为客户提供服务，包括流量获取、产品销售、售后服务等；管理场景则主要是为企业员工提供服务，包括员工管理、行为与资源监控等。下面，我们将对微信个人号的使用场景进行具体的分析。

◆场景一：流量获取

流量获取包括拉新、裂变推广、构建私域流量池三个方面。

（1）拉新

微信个人号工具中有一项可用于大规模拉新的功能，即活码功能。活码后台的微信号接入数量可达几十个，商家可以将微信活码放在印刷品和活动宣传页上展示，同时在后台系统中将微信活码与某一微信号绑定，这样就能通过让用户扫活码解决批量添加好友的问题。

（2）裂变推广

在裂变推广中，将微信个人号工具、微信公众号、电商店铺相结合可以起到事半功倍的效果。例如，商家可以利用微信个人号工具发布抽奖、秒杀、发红包等活动，通过奖励刺激用户分享转发活动，形成裂变效应，不断添加微信个人号好友，积累自己的私域流量。

（3）构建私域流量池

以零食电商为例，一家零食电商拥有10万忠实用户，而要将这10万忠实粉丝都添加为微信好友就需要足够多的微信号。假设该零食电商将10万用户添加到了50个微信个人号之中，那么要管理这50个微信号就必须要具备一定的人力。一般来说，一个人管理2–3微信号的精细化运营就已经比较吃力，而50个微信号就需要投入大量的人力成本。过去，商家可以借助一些工具来统一管理这些微信号，只需要3～5人操作，效率极高。但近来，随着微信官方加大管理力度，使用管理工具可能面临被封号的风险。为了规避这些风险，有的企业选择自己开发运营工具或者使用一些付费工具，有的企业转战企业微信，均取得了不错的效果。

◆场景二：产品销售

产品销售重点在于攻克用户转化和用户复购上。

（1）转化

商家利用微信个人号添加用户为好友后，就能通过打造IP人设对这些微信好友施加影响。商家可以通过朋友圈分享品牌信息、微信群互动或者直接私聊等方式来提高用户对品牌的信任度，进而实现对商品的“种草”。据相关数据显示，一些电器企业在“双11”期间的微信下单转化率要远高于线下门店的下单转化率。

（2）复购

通过打造IP人设和在朋友圈中对品牌的持续曝光可以实现对用户的“种草”，同时，再利用微信群互动的群体效应可以为品牌和产品打造良好的口碑，从而提升产品的复购率。

◆场景三：客户服务

客户服务包括用户行为记录、聚合聊天，为用户提供培训和指导等。

（1）用户行为记录

用户行为记录主要涉及两类：一是系统记录，二是人工客服记录。

其中，系统记录的数据包括用户发消息次数、用户主动聊天次数、用户转账下单次数、用户消费金额等；人工客服记录的数据包括用户需求标签、属性特征标签、购买意向标签、经济能力标签等。商家可以通过这些用户行为数据为客户提供更加精细化的优质服务，从而提高用户的转化率和复购率。

（2）聚合聊天

目前，微信客户端只能一次登录一个微信号，每一个微信号添加好友的上限是5000人，如果企业想要同时服务于多个微信号上的用户，就需要频繁切换登录微信号。这不仅会影响工作效率，而且会增加人工成本。商家若能利用接口工具将多个微信号整合到同一个客户端，实现聊天内容的聚合，就能大大提高回复客户的效率，同时显著降低人员成本。

（3）培训指导

客户在使用某些产品或服务时需要接受商家的培训和指导，否则，便难以正常使用。这种情况有两种解决办法：一是由系统工具向客户提供培训资料，让客户自己学习使用方法；二是可以在微信群中对客户进行人工指导，以一对多的指导模式取代一对一的指导模式，这样既能提高培训效率，又能降低培训成本。

◆场景四：员工管理

员工管理可以细化为绩效管理、数据管理、财务往来管理等。

（1）绩效管理

商家利用微信个人号管理工具能够获悉自己店铺在淘宝、天猫、京东、拼多多、有赞等平台的订单数据，既包括整体用户的订单数据，也可以具体到某一用户的订单数据。而利用好这些订单数据，可以较好对员工进行绩效管理。

例如，一家化妆品公司的微信用户池由3人管理，每个员工负责10个微信号，如果利用微信个人号工具来获悉每个微信号的用户新增订单、复购订单、销售额等数据，就能轻松而准确地计算出每一位运营人员的销售业绩。

（2）数据管理

利用微信个人号管理工具也可进行数据管理。由于这些管理工具可以记录微信个人号中产生的各种数据，包含新增好友、好友性别分布、好友城市分布、好友年龄层分布、收到消息数、发送消息数等，因此，十分有利于数据管理的展开。

（3）财务往来管理

在微信个人号运营过程中，也可能出现用户直接通过微信转账购买产品的情况。在这样的场景中，微信个人号管理工具不仅能有效支持收发红包等操作，还能清楚地记录交易转账的来往数据。

◆场景五：行为与资源监控

行为与资源监控具体包括员工行为监控、客户资源保护、敏感行为风控等。

（1）员工行为监控

企业可以为负责微信运营的员工配备定制化的工作手机，这些手机只能安装指定的App和操作指定的功能，同时运营人员每日的登录和操作都有记录、都可监控。

（2）客户资源保护

商家还可以通过设置权限来隔离敏感操作行为，从而保护客户信息安全。例如，保险公司可以利用微信个人号工具隐藏用户ID、手机号等敏感信息，在保障用户隐私安全的同时，又不影响运营人员的后台操作。

（3）敏感行为风控

商家可以利用微信个人号工具对员工辱骂客户、影响用户体验等敏感行为进行监控，比如设置敏感词监控，一旦客服向用户发送的消息中包含敏感词，便终止消息发送。

由上可见，微信个人号是私域流量竞争中的必备工具。企业要想在未来细分的商业领域分得一杯羹，就必须熟练且全面地使用微信个人号和相应的管理工具。

02 微信个人号的核心功能场景

微信个人号管理工具主要针对商家频繁使用微信个人号的场景，是私域流量运营的理想工具。商家如果能合理地使用这一工具，不仅能提高运营效率和边际收益，也能降低固定成本。

微信个人号管理工具的基本原理是通过机器系统来完成标准化的场景与功能，这要比通过人工完成相应的工作更加省时省力，因此，可以大大降低人工成本，提高综合效益。具体而言，微信个人号的核心功能场景主要包括以下三个方面。

◆核心场景一：营销功能

商家需要通过微信个人号来完成用户获取、内容管理、用户互动、下单交易、店铺维护等多种营销任务。而利用微信个人号管理工具可以大大提高营销效率，这些工具的业务功能十分强大，具体功能如下：

（1）店铺运营功能

包括设置好评有礼页面、暗号购、卡券分享、售后返现、口令红包、二维码红包、微信转淘宝短链接生成等。

（2）交易功能

包括即时红包转账、成交数据记录、返还红包等。

（3）粉丝管理

包括通过电商平台导入、微信活码、短信、手机号导入四种方式加粉；被添加自动通过、自动回复管理；重复好友过滤、加粉数据管理等。

（4）用户互动

按照载体的不同，用户互动可分为朋友圈互动、微信群互动、活动营销。

朋友圈互动，具体包括支持定时推送、一键推送、按客户画像标签定向群发、支持朋友圈点赞与评论、多账号朋友圈内容一键群发等。

微信群互动，支持分享培训内容、提前录制、多群转发、多人分享等功能。

活动营销，包括抽奖、签到、H5小游戏、裂变海报、微分销活动等方式。

（5）公众号管理

包括分组推送图文、智能模板消息功能、智能带参数二维码等。

◆核心场景二：管理功能

一般来说，商家会委派专门的销售人才或专业的客服团队来管理企业的微信个人号，这样做的目的是让企业员工利用微信个人号更好地服务用户，激活私域流量池，促进用户下单与复购。但是，这样做也存在较大的隐患，比如员工的质量会很大程度上决定服务水平，如果员工质量不高，不仅无法发挥预期效果，还会影响用户的体验，甚至导致用户流失。

微信个人号管理工具不仅能做好营销任务，还能管理好团队员工。微信个人号管理工具能实现的管理功能主要包括以下部分：

（1）风控功能

风控功能具体体现在资源保护、通话短信分控、财务监控，以及员工工作监控四个方面。

资源保护具体包括防止客户信息泄露、防止账号被恶意删除或是意外封号，防止员工离职带走客户资源等。

通话短信风控包括电话录音、短信备份、数据加密、语音转文字等功能。

财务监控包括监控红包、金额、来源、时间、转账次数等记录。

员工工作监控包括监控聊天内容，保护用户信息安全；隐藏微信号，避免粉丝迁移；敏感词监管，防止员工辱骂客户；禁止陌生人进入设置，避免微信被盗；监控所有手机状态，防止员工消极怠工；敏感操作监管，防止粉丝流失和过度营销等。

（2）数据管理

包括数据管理、子账号绩效管理、活跃度转化率监控、老用户精准管理等。

（3）个性化开发

包括私有云部署、数据私有、API接口、数据对接内部CRM/OA/ERP等系统、定制开发等。

◆核心场景三：用户运营

用户运营的主要方式是与用户进行互动交流。在互动交流的过程中，企业不仅可以拉近与用户的距离，增强用户对品牌的信任，还能增加对用户的了解，分析出用户的需求。另外，还能通过互动交流的情况来考核员工的基本工作情况。

在用户运营场景下，微信个人号管理工具的意义重大，一方面它可以提高服务用户的效率和客服的工作效率；另一方面它能代替人工操作，使用户运营变得自动化，程序化，标准化和数据化，同时它还能通过数据来反馈和呈现所有运营成果。具体来看，微信个人号的用户运营功能包括客服服务、用户画像服务、朋友圈服务。

（1）客服服务

客服服务包括聊天和管理两个模块。

聊天具体包括微信多账号聚合聊天、聊天记录本地和云同时保存、话术快捷回复、转接、个人号群组定时群发等。

管理即客服绩效管理。

（2）用户画像服务

具体包括给用户打标签和用户基本信息备注等。

（3）朋友圈服务

对于个人朋友圈，具有多账号朋友圈群发、定时按标签群发朋友圈、朋友圈即时回评、自动点赞、效果统计等功能。

对于用户的朋友圈，具有查看用户的朋友圈、导出用户朋友圈数据等功能。

各平台电商实行社交运营的核心玩法是利用售后服务卡、好评返现、短信营销等方式将平台的订单用户引流到微信个人号上；然后再通过对用户的精细化运营，持续引导用户复购产品。同时，在选择产品时应尽量选择高客单价的产品，这样有利于聚合销售。通过强化平台电商对用户的吸引力，引导流量进入微信公众号、微信个人号，建立私域流量池，并通过一对一服务、朋友圈影响对高价值用户进行精细化运营，使他们在持续复购的同时，形成口碑效应，不断为品牌“拉新”。这是私域流量转化和变现最有效的方法之一。

03 微信个人号的私域流量运营

作为品牌商建立私域流量池的有效手段，微信个人号具有多种优势功能：一是它可以构建良好的“人设”，提升整个品牌的形象；二是它可以拉近用户与品牌的距离，将用户变成品牌的忠实粉丝；三是它可以消除用户与品牌之间的信任壁垒，提升用户的黏性。

具体来说，就是借助KOL和网红的影响力，将大量平台流量聚集在微信个人号里，打造一个含有精准垂直粉丝群体的私域流量池，然后再通过与用户的日常交流和互动，不断打造完美的人设，塑造良好的品牌形象，并通过频繁的触达用户，不断发挥私域流量的优势和价值，大幅提升用户转化率和复购率。

微信个人号的私域流量运营包括角色定位、用户获取、互动激活、销售转化等。

◆角色定位

商家要打造完美的人设，首先要确保角色信息的完整和可信，这就需要设立一个真实的微信个人号头像，起一个与品牌相关的昵称，设置好符合品牌风格的背景，设计好与品牌调性一致的个性签名，同时还要借助朋友圈影响和定制化私聊来拉近与用户的距离，提高用户对品牌的信任度，增加用户的整体黏性。

具体来说，商家打造“人设”的角色定位往往具备以下几个特征：

（1）有用、有趣

如果商家主要卖面膜类产品，那么他就需要将自己打造成一个懂化妆的行家；如果商家从事餐饮行业，那么他就应该将自己打造成一个美食鉴赏家。

（2）有高势能

要打造高势能的人设，就需要通过高端的内容来衬托。

例如，一位商家想要塑造一个成功者的人设，那么他就需要在衣食住行方面表现的与成功者接近，至少要让大多数人感到他确实具有成功者的外表和气质。这就意味着，他不仅要保持光鲜亮丽的外表，还要表现得有内涵、有教养。

（3）打造“情绪人”

这里的“情绪人”指的是能时刻调动用户情绪的人，商家若能轻易地调动用户的情绪，那么他往往能与用户进行良好的互动，也更容易刺激用户购买其产品。要想在微信中塑造“情绪人”的角色，并不需要通过特别的宣传和刻意的粉饰，只需要每天坚持分享几张有积极意义的图片和几行温暖的文字即可。这种人设的塑造贵在坚持。

（4）引领美好生活方式

如果一个人能引领美好的生活方式，给别人温暖和力量，那么他往往能成为受人信任和尊重的人。在私域流量运营中，商家若能经常分享美好的生活方式，展示自己的想象空间，把美好的事物推送到用户眼前，那么他往往能更容易促成交易。

在不同人的眼中，美好的生活并没有固定的标准，要想让用户感到美好，就需要引起用户的共鸣，比如商家可以分享与家人共处的温馨时光，分享有朋友相伴的开心瞬间，分享与书籍为伴的独处时光，分享积极向上的生活态度，等等。

◆用户获取

对于私域流量运营的商家来说，获取用户的策略大致包括以下三种：

（1）获取精准目标用户

如果运营者没有顾客基础，那么其可以设计一个“从无到有”的用户获取策略。

如果运营者拥有一定的顾客基础，那么其最好在现有的顾客基础上将自己零散的客户统一加为微信个人号好友。有店铺的运营者需要将成交客户和进店客户变成自己的微信个人号好友，这是私域流量运营的基本操作，由于成交客户和进店客户或多或少存在着对店内产品的需求，所以将他们引入微信个人号会相对容易。

（2）适当吸引潜在用户

商家做线下引流时可以选择一些人气高的场所作为引流活动的主战场，比如商业中心、大型超市、社区居民中心、网红景区等。

商家在做线上引流时可以将不同的线上平台作为活动的主战场，比如服务型商家可以选择百度生态下各类平台做活动；产品型商家可以选择天猫、淘宝、京东、拼多多等大型电商平台做活动。

（3）付费获取目标用户

商家也可以通过付费方式来获取目标用户。

例如，商家可以在平台投放付费广告，将微信个人号直接放在宣传页面上供用户添加；也可以通过产品优惠和产品体验等方式刺激目标群体中的用户添加微信个人号。

◆互动激活

当用户积累到一定程度时，商家要充分利用微信个人号的营销活动或手段，增强与用户的互动，以实现有效激活用户的目的。具体而言，商家在与用户互动的过程中，应该遵循以下几个步骤：

（1）全面梳理用户触点

了解用户触点是实现与用户互动的前提，因此商家要尽可能地分析和梳理出所有能与用户接触的点，然后持续与用户展开友好的互动，不断优化用户体验。紧抓用户触点，仔细分析用户体验，不断提高与用户的互动能力，这是私域流量运营的必要条件。

（2）主动点赞与评论用户朋友圈

用户在分享朋友圈之后，通常希望自己的微信好友可以点赞和评论。如果商家在这时主动点赞和评论，就会引起用户注意，进而引发互动交流；如果商家经常出现在用户朋友圈的点赞区和评论区，就可能随着日积月累成为用户的朋友，赢得用户的真心信任。

专业的互动需要建立在高频次的互动之上，在互动过程中，要首先赢得用户的喜欢，其次再赢得用户的信任，要营造一种互惠互利的环境，与用户之间建立文化和仪式上的共鸣和相互认可。

（3）坚持输出优质内容

发朋友圈也是一个有效的用户触点，其效果仅次于“点赞和评论用户的朋友圈内容”。所以，商家应该坚持每天发朋友圈，并通过多发优质内容来创造更多的用户触点。朋友圈所发的内容需要具有话题性，要能够引起用户参与互动。实际上，商家发朋友圈的目的是激起用户对话。

（4）优化朋友圈内容素材

微信个人号的私域流量运营不是以简单发布朋友圈内容为标准，而是以引起用户互动、激活用户参与活动为标准。当运营者找不到优质内容输出时，可以向用户征集意见，并根据用户意见来组织朋友圈素材。实际上，运营者在向用户征集意见时就已经与用户展开了互动。

（5）借助朋友圈活动实现裂变推广

运营者可以不定期在朋友圈举办抽奖、发红包、拼团等活动，从而引发用户互动，活跃朋友圈气氛；同时也可以组织一些用户裂变活动，比如转发有礼、集赞有礼、进群有礼、关注有礼等，鼓励用户分享和“拉新”。另外，还可以对高价值用户进行私聊，进行单独的互动交流。

◆销售转化

微信个人号营销的关键在于用户信任和推荐。没有用户的信任和推荐，私域流量营销就难以实现。而要想获得用户的信任和推荐，就需要建立良好的角色定位，不断与用户互动交流，不断激活用户参与活动的热情。具体而言，商家需要采取以下策略：

（1）构建场景，饥饿营销

批量化的产品可以通过薄利多销赚取可观利润，而定制化的产品可以通过饥饿营销来持续获得高额利润。一般来说，定制化的产品能给用户带来较为独特的购物体验，这主要是因为这类产品相对稀缺，且供应有限，需要用户下单才能生产。

因此，运营者可以利用微信个人号向用户提供一对一的精准服务，推出定制化的产品或制造稀缺产品，并将产品进行限量售卖。如果商家从事的是量产生意，他就需要通过限量供应来给消费者营造一种产品比较稀缺的感受，从而强化产品独特性，长期维持用户的购买欲望。“物以稀为贵”，商品的价值取决于其不可替代性，所以要想获得可观的利润，商家就需要努力使自己的商品具备不可复制性和稀缺性。

（2）优质产品，高价销售

在获客阶段，商家可以利用低价策略从电商平台、线下实体店、各种活动中引流；当私域流量在微信个人号上积累起来后，商家也要敢于推出高质量、高价格的旗舰产品，提高品牌的整体档次。在微信运营过程中，商家要尽量降低用户的价格敏感度，这就需要避免谈论价格问题，强调用户可以从产品中得到什么，把用户的注意力转移到产品的质量、使用期限、独特功能、售后服务上。

（3）坚持做秒杀活动

商家做秒杀活动主要有三大好处：第一，能激活用户热情，使他们积极参与互动，并向用户展示产品的优点和特点；第二，能提高用户的特权地位，让所有用户都能享受VIP待遇，将特权福利送给积极参与者；第三，可通过活动收集用户的产品体验数据，并通过用户反馈持续优化产品，不断给用户带来惊喜感，吸引更多的用户沉淀于私域流量池。

（4）以“0元产品”打通线上线下流量渠道

商家可以选择与其他企业合作，或者与付费推广的公众号运营者合作，通过推广0元知识分享型产品来实现引流。主要的推广步骤是：以0元课程为诱饵，促使用户主动添加商家的微信个人号，商家与用户成为好友后，再为其推送免费课程。

微信作为当下理想的私域流量运营工具，企业品牌和商家必须熟谙微信个人号的功能，以微信个人号为基地，构建私域流量池，对目标用户进行精细化运营，充分挖掘微信个人号的成交与变现的潜力。

第十三章 微信视频号：抢占新的流量洼地

01 微信视频号功能与产品逻辑

微信团队在2020年1月推出视频号内测版，3月推出视频号正式版，此后，又向普通用户开放了注册权限。微信的缔造者张小龙在6月22日通过朋友圈表示："视频号的用户目前已经达到2亿。"据腾讯年度财报显示，微信在2019年的用户月活跃量已经达到11亿人次。微信拥有巨大的用户群，在此基础上推出视频号无疑又为市场增添了一个必争的流量汇聚之地。

微信视频号自正式上线以来，在6月进行过一次改版。这次改版对推荐机制进行了整体的划分，用户可以通过关注推荐、熟人推荐和热门推荐来推广自己的短视频，这有助于企业利用微信视频号来建立私域流量池和进行私域流量运营。那么，微信视频号改版后增加了哪些功能?

其改版背后的逻辑又是什么？

◆新动态发布功能升级

微信视频号改版后主要升级了三方面的功能：首先是支持发布超过60秒的视频；其次是支持分段拍摄和多个视频的剪辑整合；最后是将发表新动态的入口从主页面转移到次级页面。下面我们对改版后的三项新功能以及背后的产品逻辑进行简要分析。

（1）突破60秒时长限制

微信视频号在开始上线时并不支持长视频，这可能是因为微信团队希望以短视频方式降低用户的创作门槛。但是，不少专业的内容生产者出于对剧情和传播的需要，更希望发布长视频。

大多数内容生产者已经具备了相对专业的视频制作能力，长视频功能可以更好地满足他们的需求。不仅如此，长视频也更有利于微信快速进行内容沉淀：没有时长限制，用户不用再做过多的选择和剪辑就能发布视频，这大大提升了用户发布视频的意愿。另外，微信视频号的用户可以通过拖动进度条快速浏览超过60秒的视频，这一定程度上改善了用户的观看效果，给予用户更多的选择。

（2）多个视频进行剪辑与分段拍摄

视频号刚上线时只能一次发布一个视频和不超过9张的图片，而最新版本的视频号不仅支持1～9个视频的选择和编辑，同时还支持视频的分段拍摄，并将视频的剪辑功能融入发布流程之中。

目前，微信还没有针对视频号设计一款专业的剪辑软件，但是，视频号的发布流程中已经具备了视频拼接、音乐添加、文字添加等基本的剪辑工具。这种做法一定程度上能降低用户发布视频内容的门槛。虽然许多用户倾向于利用第三方剪辑软件来编辑视频内容，但是这并不是微信最核心的着力点，其最核心的着力点是内容的发布和推荐。

（3）发布新动态入口折叠到次级页面

微信将视频号的“发表新动态”从主页顶部转移到了“我的”二级页面的底端，如下图所示。这个改版是基于对信息架构和层级的综合考虑的结果。目前，视频号主页顶部分为三个类目，分别是关注、朋友和推荐，同时又在“推荐”右侧增加了一个“附近”入口，即以“附近”入口替代了之前的“发表新动态”入口。

“发表新动态”功能界面

总体来看，将“发表新动态”入口调整到次级页面在一定程度上会影响用户的使用，而之前将这一入口设置在首页则能很大程度上提升用户对发布按钮的点击率。不过，由于目前视频号的整体页面和功能都比较少，所以用户在改版情况下依然可以快速找到“发表新动态”入口。预计在后续改版中，这一入口依然会被调整到一级页面。

◆首页信息架构改版

微信视频号最开始的只有一个主页，目前，最新版视频号中新增了四个分页，分别对应关注、朋友、推荐、附近四个类目。

总体来说，视频号新增的这四大模块可以带来以下几大好处：

一是能够提升内容分发的效率；

二是能够方便用户根据喜好获取内容；

三是能够使信息层级变得更加清晰和高效。

微信视频号之所以这样改版，很可能是其产品经理经过充分的用户调研和竞品调研才做出的决定。这样改版可以极大地满足用户的两大需求：第一是满足用户快速获取符合自己兴趣的内容的需求；第二是满足用户更便捷看到所关注账号的内容的需求。

下面我们将对这四大模块背后的逻辑进行具体分析：

（1）关注

用户关注的账号一旦发布视频内容，用户就能第一时间在关注模块进行观看。也就是说，用户关注的账号所发布的新视频都会在关注标签的下方展示。目前，关注模块下的视频是按照发布时间进行排列展示的，这与订阅号的推送逻辑相同，与抖音短视频的推送逻辑也基本一致。

（2）朋友

朋友推荐是基于微信生态中的熟人链，这也意味着好友点赞的内容都会在朋友模块下展示。这一模块的推荐逻辑与公众号中“看一看”的推荐逻辑相同，与微信读书的推荐逻辑基本一致，即好友在看的内容都会被推荐给其他好友。例如，好友在看的书籍、好友观看过的视频、好友点评过的店铺等都可能基于这种推荐逻辑被推荐给其他好友。基于关系链推荐的优势不仅是微信视频号最大的优势，也是抖音、快手等优秀短视频平台的最大优势。在微信视频号上，如果一个好友点赞和推荐的内容达到一定量之后，其再次推荐的其他内容都会以“小卡片”的形式呈现。

（3）推荐

推荐模块所推荐的内容一般是热门内容，即视频号会根据内容的热度来进行推荐。目前，微信视频号还没有增加根据用户画像和用户行为来进行推荐的模块，但后续是否将热门内容和用户推荐内容进行结合推荐还未可知。由于视频号前期的优质内容比较少，所以只是增加了热门推荐模块，而随着视频号用户数据和视频内容的积累，根据用户画像和用户行为来进行推荐的模块也可能上线。

（4）附近

微信视频号上的“附近推荐”相当于抖音和快手上的“同城推荐”。与其他三个推荐模块相比，用户对“附近推荐”的要求并不高。因此，“附近”模块下的视频展示并不是单纯以距离远近来做推荐的。同时，这一模块的内容也没有展示点赞数和评论数，它更多的是向用户展示周围用户发布的相关内容，而非其他。

◆内容展示页

与老版本相比，视频号新版本中的内容展示页主要存在以下几个变动：首先是支持进度条拖动观看；其次是增加了视频收藏按钮；最后是将分享入口前置到主页。

（1）支持进度条拖动

视频号允许用户发布超过60秒的视频，而视频内容过长，就可能产生冗杂内容，用户要想快速了解视频内容，就希望尽快观看整个视频，也就会对视频的快进产生相应的需求。视频号中的视频内容，若底部有黄色进度条，则说明该视频可以被拖动观看。同时，用户在观看这类视频时，也可以左右滑动按钮来控制观看进度。

从外观上来看，微信视频号中的黄色进度条要比抖音视频的白色进度条更加明显，对抖音来说，将进度条设计成白色是为了减少用户的拖动率，增加用户的观看时长。而微信视频号更倾向于人性化设计，更注重用户的观看体验。

（2）新增收藏按钮

微信视频号刚上线时只支持对内容点赞，而新版本中又增加了收藏按钮。同时新版本视频号还在“我的”二级页面中新增了“收藏的动态”功能，如下图所示。这样设计可以方便用户区分点赞和收藏操作，对用户来说，其更希望后续能够查找到收藏的视频，而对点赞的视频却没有这样明显的要求。

“收藏的动态”功能界面

（3）分享入口前置

旧版本视频号的分享按钮位于视频底部，是一个三角隐藏符号，点击后可将视频内容直接分享至朋友圈，而点击新版本视频的转发按钮后，会出现“转发给朋友”和“分享到朋友圈”两个选项，且页面会前置到主页之上。由此可见，与直接将视频内容分享至朋友圈相比，微信视频号平台更希望用户将视频内容分享给好友或分享至微信群。因为这样做可以通过与好友一对一聊天或群聊的方式将视频内容更精准、更及时地触达用户，促进好友之间就视频内容进行直接的互动讨论。

在旧版本视频号中，视频底部的左侧是评论按钮，而新版本中变成了收藏和转发的按钮。右侧的三角分享按钮变成了点赞和评论的按钮。原来的三角分享按钮被移动到视频右上角，以“…”按钮形式呈现。微信视频号新版本的设计更加清晰、和谐、层次分明，也更受新老用户的喜爱。

02 微信视频号的流量推荐机制

目前，在微信生态中，视频号是首款去中心化的产品，它能够运用推荐机制来集中调配流量。视频号的推荐算法一方面有助于用户拉新，另一方面有助于推荐优质内容，这也是微信对算法推荐的首次尝试。

微信视频号的推荐是在微信流量池中进行的，平台对视频号的推荐主要根据两大因素：一是根据好友关系链；二是根据动态热度。平台系统会重复推荐优质的视频号内容，同时也会参考社交关系来决定是否进行推荐。

那么，有哪些因素能影响视频号权重呢？总体来看，原创度、完播率、点赞量、评论量、发布频率、内容垂直性这六个维度都能影响视频号权重。另外，如果视频内容涉及严重违规内容，视频号也会被降权。

下面我们对微信视频号分发机制中的社交推荐和个性化算法推荐进行具体分析。

◆社交推荐机制

微信视频号的社交推荐机制主要包括以下三个方面：

（1）社交关系

朋友推荐在微信视频号中具有重要地位，我们可以从最新版本微信视频号最明显的三大模块——“关注”“朋友”“推荐”看出这一点。从三大模块的位置来看，“朋友”模块位于“关注”和“推荐”之间，处于中心位置，这显示了社交关系链在视频号推荐逻辑中的重要性，同时也意味着好友发布、观看、点赞、评论过的视频内容会被优先推荐给你。打开微信进入“发现”页面，不仅可以看到朋友圈的动态，还能看到好友在视频号的点赞。用户点击“朋友”这一板块，就能逐条翻看朋友收藏、点赞的短视频。

（2）内容价值

微信视频号和“看一看”的推荐机制基本一致，都需要经过内容筛选再推荐给用户。比如根据用户自身的观看数据进行内容筛选，即系统会通过分析用户的观看数据来为用户设置标签，然后再根据用户标签进行个性化推荐。其中，符合用户个性的内容会被率先推荐给用户，而那些被举报、被投诉的内容会被直接过滤掉或减少推荐机会。

（3）点赞及互动评论

“社交推荐”的前提是基于社交关系进行的互动行为，比如你的朋友观看过、点赞或评论过的视频，就有可能被推荐到“热门”板块中；微信视频号的这种社交推荐机制与其他短视频平台的内容推荐机制是一致的，都是根据用户对视频的观看、点赞、评论和转发的数量来判断其价值和受欢迎程度，进而将之转送到更大的流量池，给予其更多的曝光和推荐机会。

◆个性化推荐机制

微信视频号拥有个性化的推荐机制，其主要采用了一种复合型内容推荐方式，即“兴趣标签+地理定位+热点话题”。与其他自媒体平台相比，微信视频号的优势是显而易见的，具体而言：

（1）兴趣标签

微信拥有11亿用户和各种算法机制，这些都是微信视频号发展的重要基础，同时也是其优势所在。微信系统会根据用户的兴趣爱好、日常行为、活动轨迹、职业、年龄等标签生成用户画像，然后再利用大数据算法分析用户画像，并向不同的用户推荐精准内容。

（2）地理定位

同城用户或附近用户可能因为地理位置相近而对相同的事物产生兴趣，比如，他们都喜爱某一座城市，或者都喜爱某个旅游景点等。因此，视频号的算法很可能会根据某个人的兴趣爱好推测出同城人或附近人的兴趣爱好，从而为其推送感兴趣的内容。这也是地理定位能成为个性化推荐要素的主要原因。

（3）热点话题

网络热点事件和热门话题往往能成为广大用户关注的焦点。通过用户协同过滤推荐系统将与网络热点事件和热门话题相关的优质内容推荐给用户是目前抖音、快手、微博等平台经常使用的个性化推荐方式之一。

◆流量分发规则

微信视频号推荐机制主要有以下几点：

（1）视频号用户发布的内容会被首先推送给好友，如果好友对视频内容不感兴趣，该视频就不会触发曝光推荐机制，也不能进入更高流量池。这个时候，用户发布的内容只能获得一次好友浏览流量，但不排除以后会被其他好友点赞、评论和转发，从而获得被推荐的机会。

（2）如果好友对用户发布的内容感兴趣，且对视频进行了点赞、评论和转发，那么该视频就会触发推荐机制，并获得被曝光的机会。如果多位好友共同对视频进行了点赞、评论和转发，那么该视频就会被推送到更大的流量池，获得更高的权重和更多被推荐的机会。

（3）如果与你经常聊天互动的好友频繁地关注和浏览某个视频号，那么微信系统也会自动将这个视频号发布的内容推荐给你，然后再通过熟人社交的次级关系产生裂变。

微信视频号的内容推荐是以熟人社交为基础，所以社交在其推荐机制中的权重非常大。但内容被推荐后会进入一个新的社交环境，我们很难预测新社交环境中会有哪些视频号出现，也很难说清某个视频是哪位好友感兴趣的，这也为内容的传播推广创造了更多的可能。

03 微信视频号的内容运营技巧

微信视频号平台十分重视用户体验，鼓励原创，对于原创内容会给予更多推荐机会；而且更加注重社交推荐，会根据朋友关系来筛选推荐内容。一般来说，互动量多的内容会获得更多曝光机会。

因此，创作者在制作视频时可以尽量添加一些有话题性和争议性的内容来吸引用户参与评论，这样做一方面能提高视频的互动量，另一方面能大大延长用户的停留时间，同时还能提高视频完播率、增加视频号的权重。

如何视频号已经积累了一定量的粉丝，那么运营者就可以利用建群方式将粉丝聚拢在一起，当运营者发布新内容时就可以在群内做宣传，从而提高视频的曝光量。

◆微信视频号内容发布规范

目前，创作者向微信视频号上传图片和视频会存在一定限制，比如视频和图片的尺寸会被限定在一个范围，一旦尺寸超过这个范围，视频和图片就会被上下裁剪。具体来说，微信视频号的视频与图片上传规范如表所示。

<table>
<tr><th colspan="3">视频与图片上传规范</th></tr>
<tr><td rowspan="4">视频</td><td>尺寸</td><td>竖屏（1080×1230），横屏（1080×607.5）</td></tr>
<tr><td>时长</td><td>1分钟以内，超过1分钟的视频会被自动裁剪</td></tr>
<tr><td>大小</td><td>视频大小不超过30M</td></tr>
<tr><td>封面</td><td>不支持自行选取封面，只能直接使用视频的第一帧画面作为封面。因此，创作者在剪辑时做好第一帧画面很关键</td></tr>
<tr><td rowspan="4">图片</td><td>尺寸</td><td>竖屏（1080×1230），横屏（1080×607.5）</td></tr>
<tr><td>数量</td><td>9张以内，单图展示
不支持识别带二维码的图片，建议在图片上添加翻页提示以方便用户按顺序观看</td></tr>
<tr><td>大小</td><td>单张不超过5M</td></tr>
<tr><td>文案</td><td>可以超过140字，超过三个非空白行（即55个字）会折叠</td></tr>
</table>

视频与图片上传规范

◆打造爆款视频号内容的基本要素

（1）找好定位，垂直领域输出

运营者开通视频号后先不要急于创作内容，而要先弄清楚以下问题：

- 视频号的定位和卖点是什么？
- 视频号要吸引和沉淀什么样的目标用户？
- 视频号能给目标用户带来什么价值？
- 视频号定位的领域是否是运营者足够熟悉和擅长的领域？
- 视频号累积了一定粉丝后要如何变现？

视频号运营的第一步是确定好账号定位，一旦确定好账号定位，就意味着运营者要始终围绕着账号定位来发布视频内容。也就是说，账号定位在什么领域，运营者就要将与之对应的垂直领域作为核心输出点。围绕账号定位持续输出优质内容，有利于提高账号权重，增加视频号推荐和曝光的机会。一般来说，视频号内容的更新最好采用日更或隔日更，持续性输出也有利于吸引更多的精准流量。

短视频运营有两个关键点：一是内容的深层次利用；二是粉丝的长效性经营。短视频平台用户的观看需求通常是相似的，优质的短视频内容更容易获得广大用户的青睐。因此，“流量为王”的时代亦是“内容为王”的时代。

（2）能给用户提高价值或者引起共鸣

在第一眼看到视频之后，用户会继续观看并产生关注、点赞、评论、转发等行为主要有两个原因：一是用户认为短视频内容对自己有用；二是用户对短视频内容感到有趣或能产生情感上的共鸣。

由此可见，视频内容要围绕提供价值和引起共鸣这两个要点来进行创作，也就是要让用户感到有用和有趣。运营者要注重视频内容的可读性，要在视频中添加一些能令人印象深刻的记忆点，赋予内容以特色和价值，使用户能够看懂视频、理解视频，并能在观看过程中感到有意义、有价值、有共鸣、有乐趣。

视频内容要贴近生活，并保持风格一致；要通俗易懂，能以简单的方式讲明专业的道理。运营者在创作短视频内容时既要有自己的内容方向，也要有自己的标志性形式。

◆视频号操作注意事项

对于微信视频号的创作者而言，需要特别关注视频号运营的相关规则，避免因触碰“红线”带来的封号风险，具体的风险包括以下几点：

★个人简介/头像导流：账号的个人简介或用户头像应避免带导流信息，否则很可能被视作违规。

★用户名夸大：像“短视频内容策划导师”“新媒体运营导师”“短视频实战导师”等名称都属于夸大用户名，这类名称也容易导致账号被平台封禁。

★诱导用户分享/关注：视频封面或内容中出现诱导用户分享、关注、点赞、评论、引流等行为都可能被平台处罚，在微信公众号平台上就有类似规定。例如，通过分享有礼、邀请有礼、集赞有礼等利益手段诱导用户分享、关注、点赞、评论、引流都可能被限制账号。

★标题党：不要发布含有骚扰、煽动、夸大、误导类信息和危害人身安全、惊悚、极端、侮辱性内容的标题，否则很容易被封号。

★搬运/伪原创：运营者坚决不要抄袭和搬运他人的视频内容，否则一旦被投诉，不但抄袭视频会被下架，而且后续的原创作品也会被平台限制流量。

在微信生态中，公众号主打“深阅读”，朋友圈主打“一般社交”，社群主打“私密社交”，而短视频则是其“短板”。未来，微信视频号很可能彻底打通微信生态的整个链路，从而带来新一波的超级红利。

04 微信视频号的私域引流攻略

视频号生长于微信生态之中，而微信生态拥有11亿用户，是私域流量运营的理想平台。不难看出，视频号与私域流量之间天然有着亲密关系。所以，如果商家想在微信生态中进行私域流量运营，就不得不重视视频号这个新平台。企业抓住了视频号带来的新流量，就抓住了一波新的流量红利。那么如何将视频号中的流量引入微信私域流量池之中呢？这里有一些常规操作方法可供大家参考。

◆个人主页资料区引流

视频号中的个人主页有专门的用户资料简介区，利用好这个区域，便可以轻松地获得可观流量。利用个人主页资料增加曝光和推广是最常见的私域引流手段，许多同类平台都对这一引流方式情有独钟。不过，视频号与其他平台在使用这一引流方式时也存在着一些区别。一般来说，其他平台的用户在利用个人主页资料时会添加各种谐音、暗语来显示自己的微信号，而视频号用户可以在简介中直接设置并引导用户添加个人微信号，不用害怕触犯平台规则。例如视频号“匠心之城”就直接将微信号添加到了账号简介中——“每天分享传奇又平凡的匠人故事……记得关注我哦！V：kuaiban369”。“环球奇观”不仅将多个微信号加入简介，还向用户推荐了很多其他的视频号，如@环球动物保护、@视听文案馆等。

◆视频内容引流

用户不但能在视频号的用户资料简介中展示微信个人号，而且能直接在发布的视频中展示个人微信二维码。我们在视频号中经常可以见到这样的场景：一位创作者从某一特定领域切入，通过视频专门讲解这一领域的知识点，同时还会在讲解时介绍自己的专业背景，并提示用户加群享受专业服务。

用户只需暂停播放视频，就能直接通过静止界面中的微信二维码添加视频创作者为好友。其中，微信二维码的曝光率会随着视频播放量的增加而不断提高，这是一种将私域流量入口直接放在公域场景中引流的做法。

◆文案区引流

也有一些视频创作者会通过设计视频下方的文案来引流，这类引流文案需要利用巧妙的话术来增加吸引力，同时也需要将私域流量入口合理地植入文案之中。例如，创作者将自己的个人微信号直接展示了文案区，用户只需点击展开折叠区就能看到并直接添加创作者的个人微信，或者将其他关联账号放在文案区，引导用户点击关注，为其他账号引流。视频号“英语摘抄本”就采用了这种方法，在文案区@金老师高分数学、@语文王者小小白等账号，为这些账号带去不少流量。视频号的文案区最多可以输入1000个字，足够视频创作者尽情发挥，其内容设置可以是个人专业背景、代表作品、日常爱好等，内容需要足够丰富，从而激发用户的兴趣。

◆公号链接引流私域

“视频号+公众号链接”是应用最多的引流方式之一，具体做法是在视频下方的文案区展示创作者的公众号链接，用户在点击链接后便可以直接关注其公众号。创作者也可以通过展示微信群或个人微信号的二维码来引流，不过，由于扫码进群存在人数限制，所以扫码添加个人微信号一直是主要的引流方式。例如“BBC英语听力”在一条视频的文案区添加了一个公众号链接“戳这里：英语四六级真题+听力+答案解析，免费送”。用户点击这个链接就会进入BBC英语听力的公众号，在文章底部看到一个二维码，上方提示 “获取方式：扫描下方二维码添加小编老师，回复‘四级’”。只需要一次点击，一次扫码添加，就能将用户引流至个人微信号。

◆评论区引流

要想使引流效果最大化就不能放过任何获取潜在流量的机会。一些运营者也会通过在评论区和用户互动来进行引流。评论区引流的技巧是关注和挖掘在评论区流露咨询意向的用户，然后引导其加入自己的私域流量池。

有些运营者不太重视在评论区与用户的互动，实际上，这种互动的作用要比想象中大得多。视频号中的视频具有“浮评”功能，相当于视频弹幕，能够显示评论区的内容，拥有高点赞数的评论往往会率先在“浮评”中展示。运营者将自己的微信号留在评论区，其微信号就可能被系统以视频弹幕形式向用户再次曝光。

例如视频号“好看电影TV”发布电影《花滑女王》的一个片段，引起用户的极大兴趣，然后在评论区留言回复片名，并告诉用户“搜公众号‘芋头电影’可以看，更多会员电影电视剧可免费观看”，引导用户关注公众号，然后再通过公众号引导用户添加个人微信号，实现引流沉淀。

微信视频号基于拥有11亿用户的微信生态，成为私域流量的价值新洼地。企业品牌和商家要善于利用微信视频号的天然优势，抢先布局和运营微信视频号，深耕视频内容，获得更多的曝光和推荐机会，从而完成引流拉新，实现私域流量的沉淀。

第十四章
企业微信：建立企业的客户资产

01 企业微信私域运营的四大功能

2020年5月18日，微信官方对外宣布，已有数百万家企业借助企业微信向2.5亿用户提供了服务。2019年12月23日，企业微信3.0版正式发布，当时企业微信的用户数只有6000万，截止到目前，企业微信的用户数达到2.5亿，在不到一年的时间里增长了4倍多。在疫情期间，国内的许多著名品牌都是通过企业微信与客户保持联系的，其中代表性的企业包括天虹、vivo、西贝、屈臣氏、平安银行、中国人保等。

以西贝为例，在春节疫情期间，西贝借助企业微信率先实现了复工复产。2020年1月，西贝通过线上渠道成功添加3万多名客户为微信好友，并通过群发消息、发朋友圈和一对一聊天，为客户提供外卖送餐、食材订购等服务。据西贝营收数据显示，其总营收的80%以上是基于企业微信的线上营收。企业微信的引流转化能力可见一斑。

目前，最新版本的企业微信具有四大功能，分别是“客户联系”“客户群”“客户朋友圈”和“企业微信直播”。这四大功能可以有效帮助企业开展业务和服务客户，并能在疫情期间帮助企业顺利度过线下难关。

关于这四大功能存在以下需要企业关注的问题：

★如何利用这四大功能帮助企业创造线上增益；

★微信官方如何对这四大系统进行进一步的升级；

★如何利用这四大功能实现私域流量变现。

◆客户联系

“客户联系”功能不仅可以添加客户的微信，也能向客户提供服务。对企业来说，其工作人员可以借助企业微信以单聊或群聊的方式为客户提供各种企业服务。工作人员在个人电脑上打开企业微信工作后台，点击“客户联系”，可以发现该功能的四个配置工具：“联系我”“群发助手”“快捷回复”“聊天工具栏”，如图所示。

其中，“群发助手”和“快捷回复”可以极大地增强企业员工与客户沟通的效率，下面我们重点分析这两个工具。

“客户联系”的四个工具

（1）群发助手：一键群发的功能

群发是企业与客户建立沟通的常用方法。过去，借助第三方运营工具进行微信群发受到微信规则管控，用户频繁操作会产生封号风险。工作人员为避免封号风险，就会加大运营工作量，但这种做法不利于营销工作的长期稳定实施。出于人性化考虑，企业微信官方推出了“群发助手”这一优良工具。企业可以借助“群发助手”安全地群发消息，不需要再担心群发消息带来的封号风险，同时，企业以群发方式服务客户也能极大地降低运营成本。

企业通过“群发助手”编辑内容并实现群发要经历三个重要步骤：第一步是选择发送的客户；第二步是编辑好文字、图片、网页、小程序等准备发送的内容；第三步是点击“通知成员发送”。

微信过去没有像“群发助手”这样的工具来辅助企业对客户的统一管理，因此其组织群发活动相对困难，不仅沟通成本高、传播出错率高，而且还要面临被封号的风险。但自企业微信上线 “群发助手”之后，企业组织群发活动变得非常容易。由于操作比较简单，所以企业可以安排不同的员工执行群发工作。通过“群发助手”进行群发既能利用客户标签筛选目标客户，又能发送多种形式的营销内容，不仅大大减少了员工的运营工作量，也大大提高了企业营销的精准率。

（2）快捷回复：省时、专业的咨询话术

“快捷回复”原本是电商平台的一种基本的客服功能，企业微信并不具备。在“快捷回复”功能未上线之前，企业要想在企业微信上回复客户并没有好用的辅助工具，即使员工具有统一的话术，也难以高效地传达给客户。而面对不同客户提出的需求，客服需要时间进行思考再做回复。这对客服响应能力和客服设备都提出了极高的要求。

客服对客户回应时间过长或专业度不足都可能造成客户流失。而企业借助企业微信上的“快捷回复”功能可以为员工统一配置回复内容，统一添加所要回复的客户，实现精准、快捷、专业的回复。一般来说，精准回复是基于同步更迭的话术，即企业员工能根据营销计划的不同提前制订好不同的话术，并结合用户的反馈情况，不断迭代优化话术的内容和专业度。同时，在“快捷回复”的帮助下，企业员工的响应效率和客户服务质量也会大大提高，这不仅有助于更好地维系客户，还能极大地促进流量的沉淀和转化。

◆客户群

“客户群”功能的主要作用是帮助企业添加客户和建立客户群。企业及其员工在企业微信端向客户发言时，客户可以在微信端同步接收服务消息。“客户群”PC端界面如图所示。

“客户群”PC 端界面

“客户群”中有两个重要的工具，分别是“小程序”和“加入群聊”。企业可以利用这两个工具来提升变现率和优化运营。

（1）社群营销变现，小程序是重要工具

将“客户群+小程序”的组合工具与企业的营销活动相结合，可以催生出许多促活变现方案，有助于企业的私域流量运营。企业如何使用“小程序”呢？企业只需要在后台应用管理中点击“+”关联小程序，就能实现对小程序的使用，如图所示。

关联小程序

以屈臣氏为例，在新冠肺炎疫情期间，屈臣氏的线下业务受到较大冲击，为了打开销售局面，屈臣氏总部积极组织线下门店导购开展线上客户运营。屈臣氏的全国连锁门店共有2.4万多名导购，在这些导购的努力下，屈臣氏每天通过企业微信可以为200多万消费者提供服务，而其主要的营销模式正是“客户群+小程序”的营销模式。在这种营销模式的帮助下，屈臣氏不仅有效维护了客户群，还促进了营业额的增长。

（2）官方进群工具，减少运营风险

常见的微信社群创建模式是：先利用营销海报或公众号引流，然后再借助进群工具将客户拉入群聊，实现建群。不过，由于需要频繁操作，这种建群方式容易造成封号风险。为方便企业开展客户运营工作，企业微信推出了“加入群聊”功能，大大解决了建群难题。

企业用户只需要按照“企业微信后台——客户群——加入群聊”的

路径依次点击，就能发现两个实用的“加入群聊”工具：二维码和小程序，如图所示。

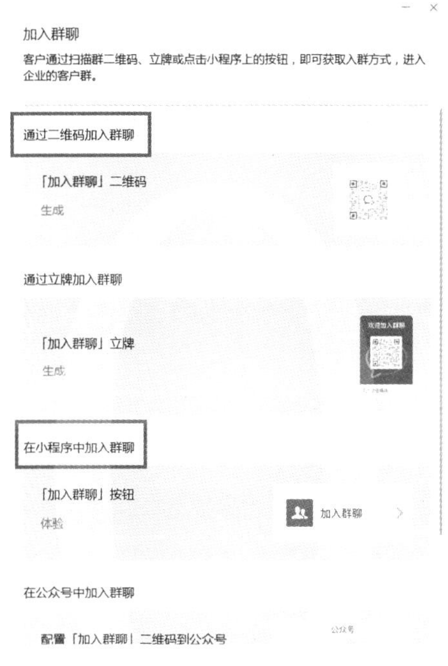

通过二维码和小程序加入群聊

如上图所示，企业员工可以通过点击“生成”选择已有的群聊，然后创建二维码和小程序按钮。这样一来，微信客户就能通过扫描二维码或点击小程序按钮加入群聊。普通的进群二维码有效期只有7天，超过期间就无法再做利用，而这种由“企业微信后台——客户群——加入群聊”路径生成的二维码和按钮没有时间限制，可以反复使用。因此，将这种二维码和小程序按钮作为进群入口可以帮助企业减少推广和运营成本。

小程序按钮是基于企业原有小程序获取的开发代码，用户只需点击小程序按钮即可加入群聊。借助小程序进群有以下好处：一是可以将企业的优惠活动搭载到小程序中，促进客户的留存；二是能够优化引流效率，即用户可以借助任一工具加入群聊，当群人数满200人后，系统会自动生成新群。

企业微信在推出3.0版本时对客户群人数上限进行了相关调整，原来的客户群最多只能容纳20个群成员，经过改版调整后，客户群人数上限提升至100人。截止到目前，企业可以在客户群中最多添加200人。不过，企业微信对前100人和后100人的进群方式有一定限制，即前100人可以通过扫描二维码进群，而后100人只能通过群成员邀请进群。

提升客户群人数上限对拥有大量客户的企业来说有相当大的益处，企业的客户数不变，客户群人数上限一旦增加，需要创建的社群数量就会相对减少，而社群数量减少则能大大降低管理难度，这样一来，企业就有更多的精力和时间来提升社群服务质量，从而实现精细化运营。

◆客户朋友圈

企业员工可以通过企业微信朋友圈发布各种门店活动、新品信息、产品使用技巧等，而客户则能在自己的微信朋友圈看到这些活动和信息，并能就此产生评论互动。“客户朋友圈”操作流程如图所示。

“客户朋友圈”操作流程

企业员工可以通过企业微信上的“发表朋友圈”功能，选择图文、视频、网页等多种形式发布信息。由于“发表朋友圈”功能支持按照客户标签选择“可见的客户”，所以企业员工可根据活动特点和客户标签，将合适的活动推送给有需求的客户，从而实现精准营销。

朋友圈是企业微信营销功能的最后一块“拼图”。企业通过朋友圈发表各种活动信息，从而吸引客户点赞、评论和互动。企业员工则能根据客户的评论和咨询情况，给予及时的回复，并为客户提供专业且有温度的服务。这种做法能够有效增加客户的黏性，大大提高商品复购率。

◆企业微信直播

2020年2月，企业微信官方推出“企业微信直播”。商家可以借助这一功能在企业微信群中发起直播，以供所有群成员观看，该功能最多可支持1千万人同时在线观看企业直播。目前，只要是企业微信用户，都可以借助企业微信直播功能进行电商直播。

> “黄金时代”是一家健身连锁品牌，据企业微信官方数据显示，该品牌在企业微信端有20万名学员，其教练每天都会通过企业微信直播健身课程，带领学员们进行“云健身”，且直播的日观看人数达到10万以上。

企业微信直播功能不仅适用于教育培训行业的直播业务，也适用于其他行业的直播业务，作为一种直播工具，它可以实现全行业通用。直播是电商平台最高效的带货渠道之一，能够营造一种高频交互场景。在直播过程中，用户的黏性越强、需求匹配性越高，直播的转化率就会越高。

对企业来说，客户群用户正是一批具有强黏性和高需求匹配性的用户。基于这样的精准用户，以“直播+客户群”的模式展开营销，可以极大地丰富营销内容，更清晰、更全面地展现产品优势，同时也能增加客户的参与感，激发他们的购买欲望。

企业利用企业微信直播功能在客户群发起直播后，客户群中就会出现一个直播小程序，群成员点击直播小程序，就能观看直播。企业可以借助群发功能将直播以小程序形式推送给不同的用户群，只要群观看总人数在1千万人以内，均能够正常直播。因此，企业需要将直播尽可能多地推送给用户群，以此来开拓直播影响力。一定程度上来说，这种营销方式能帮助企业以最小的成本获得最大的收益。

企业微信对企业来说具有两大核心能力：一是连接微信客户；二是用于全方位的客户管理。企业可以借助这两大能力进行多渠道发力，以建群、直播、发朋友圈等方式不断获取精准客户，实现精细化运营。企业要基于微信生态，以企业微信为抓手，不断提高自身营销效率和抗风险能力，持续减少疫情带来的影响。等到疫情结束后，企业依托企业微信形成的线上运营能力将能大大提高，这将为我国经济的发展提供新的增长点。

企业微信面向所有企业用户开放，这为企业构建线上业务链提供了契机。企业只需要注册企业微信，就能够免费使用“客户联系”“客户群”“客户朋友圈”三大功能，不需要再额外认证。另外，企业微信可为企业提供的免费服务还包括：第一，能添加1000名客户为好友；第二，能邀请2000位客户加入百人外部群；第三，能向客户微信朋友圈发送各类推荐信息。如果企业参与认证，还能够根据自身需求获得更高级别的互通权限。无论大型企业还是个体商户都可以通过企业微信触达客户，实现私域流量的精细化运营。

02 获客：建立企业客户资产

利用企业微信建立私域流量池是推动企业发展的一项重要举措，它一方面能帮助企业沉淀忠实用户，另一方面能助力企业建立客户资产。任何私域流量池的建立，都必须首先获得客户。作为良好的获客工具，企业微信是如何帮助企业沉淀客户和建立客户资产的呢？

◆添加客户

用户可以利用企业微信进行跨平台添加好友，这就意味着企业微信与个人微信之间添加好友的操作是不受平台限制的，用户可以利用自己的企业微信直接添加客户的个人微信。企业微信目前共有四种添加好友的方式：一是搜索加好友；二是扫码加好友；三是分享名片加好友；四是利用微信通讯录加好友。添加客户的操作流程如图所示。

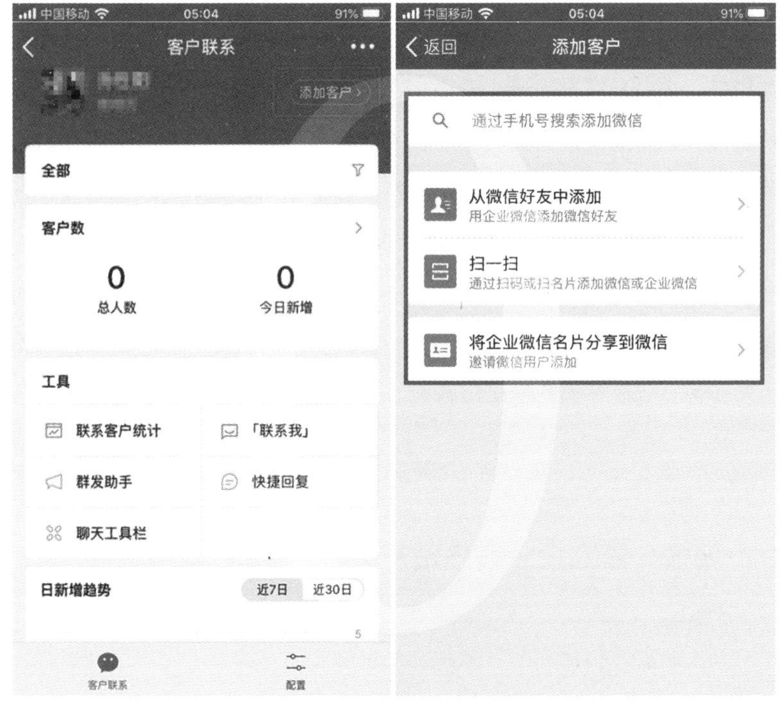

添加客户的操作流程

其中，利用微信通讯录加好友可以帮助企业将现有资源有效地整合在一起，之后，企业便可以利用企业微信对这些客户资源进行统一管理。

◆消息互通

企业微信与个人微信可以相互发送消息，因此商家可以利用企业微信直接与客户的个人微信进行沟通联系，具体操作如图所示。

消息互通的操作技巧

从客户角度来看，客户可以照常利用个人微信进行沟通交流。从企业角度来看，利用企业微信与客户交流一方面能够借助其便捷功能高效服务客户，另一方面也能利用企业标识有效提升品牌在客户心中的辨识度。总之，利用企业微信与客户交流能够为后续构建企业私域流量池奠定基础。

◆联系我

在企业微信上，有一项“联系我”的功能。客户只需要主动扫描“联系我”下方的二维码，就能直接添加企业微信，无须再通过企业员工手动添加。

“联系我”中的二维码具有参数功能，企业可以借助这一功能来监管各个渠道的客户数据。“联系我”功能具有三种添加方式：一是直接

“联系我”的操作方式

通过扫描二维码图片添加企业微信；二是通过小程序中的“联系我”按钮添加企业微信；三是通过在公众号的自定义菜单栏扫码二维码图片添加企业微信。具体操作方式如图所示。企业可以将“联系我”功能配置到公众号的自定义菜单栏，并通过公众号内容吸引用户扫码添加企业微信，最终将公众号上的粉丝沉淀到企业微信中。

03 运营：精细化运营客户

在积累了一定的客户后，就需要对客户进行维护和运营。如何维护和运营客户，才能使客户更长久地留存下来，并提高客户对企业的黏性呢？这就需要对客户进行精细化运营，使其成为企业的忠实客户。具体来说，要做好以下工作：

◆标记客户

企业微信具有备注、描述和标签功能，这些功能可以帮助企业对客户进行精细化管理。例如，企业员工可以通过与客户的沟通了解客户的喜好、习惯和特殊行为，然后再利用企业微信自带的标签类功能对用户信息进行备注、补充和说明。这样可以不断丰富客户画像，有助于企业后续对客户的精细化运营。为了更精确地定位用户画像，企业还可以借助企业微信上的应用程序接口联通企业客户关系管理数据，以更多的信息来描绘用户画像。

为了让客户标签更细致、更规范，企业可以根据客户群体的特征提前规划标签分组及标签内容。例如，某企业根据客户群体的特征设置了如下标签分组，标签规则设置好之后就借助系统数据以及与客户的沟通互动对客户标签进行补充，如表所示。

客户标签分组表

标签类型	标签级别	标签组	标签内容			
交易类	一级	消费贡献	消费<500元	消费501–1000元	消费1001–5000元	……
	一级	消费次数	新客	2—3次	4—8次	……
基本属性类	一级	性别	男	女	男	……
	二级	家庭身份	单身	未婚	已婚	……
	一级	年龄	25岁以下	25—30岁	31—35岁	……
	一级	职业	普通白领	服装店老板	自由职业	……
偏好类	二级	兴趣爱好	美食	旅行	娱乐	……

目前，企业微信官方的“打标签”功能只支持基础的标签管理，无法对用户进行批量管理，更无法自动添加标签。为了让标记客户变得更简单，企业可以选择官方认证的第三方工具，例如神达企微助手等，通过筛选条件对客户进行自动批量打标或者手动批量打标，筛选条件主要包括所属员工、性别、添加时间、分组、标签、星级等，如图所示。

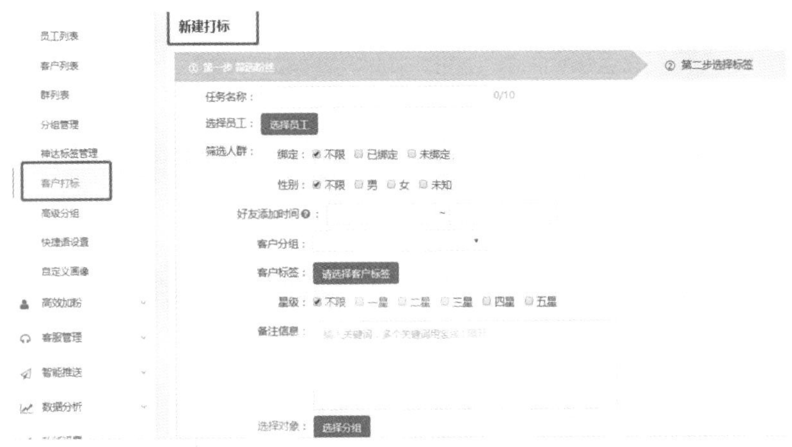

神达企微助手的“客户打标”功能图

◆自动回复

客户添加企业微信后，企业员工要提前设置好欢迎语来触达用户。预先设置好的欢迎语可以自动发送到客户的微信上，不需要企业员工反复操作。企业微信自动发送的欢迎语主要有三种形式，分别是图文、小程序和H5。企业微信还可以通过应用程序编程接口设置个性化的欢迎语，然后根据用户画像，将不同特点的欢迎语有针对性地发送给不同的用户。企业微信上的自动回复功能不仅可以设置欢迎语，还可以设置快捷回复。企业员工可以将一些常用话术语言设置成快捷回复语，从而提高服务客户的整体效率。

自动回复语的设置要讲究一定的技巧，不能只是简单的问好。具体来看，企业微信的自动回复语可以划分为五大类型：

（1）介绍型

每位好友都是企业的潜在客户，所以回复语要明确地告诉对方“你是谁”“你能做什么”。例如卡西欧的回复语：“你好呀，小可爱！我是你的专属福利官和调表顾问，产品福利及相关问题都可以咨询我哦！关注Find-G小程序，加入卡西欧品牌专属基地，获取最新产品资讯！”这段回复语不仅介绍了自己的身份与功能，而且引导客户进入小程序，实现了对小程序的引流。

（2）引导型

引导型回复语比较常见，主要是引导客户领取优惠、参加活动或者加入社群等。例如北京交个朋友数码科技有限公司的回复语：“激动的心，颤抖的手！快来和我们交个朋友~抖音搜索：罗永浩，6月5日晚8点开播，锁定罗老师直播间，更多又便宜又质优的好物推荐等你来抢。扫码加入群聊——请看群公告，谢谢支持。”并在下面附上了“交个朋友科技官方群”的二维码，引导用户加群。

（3）福利型

福利型回复语要明确福利，或者强调多重福利，最简单的方法就是向用户介绍“你是谁”“负责做什么”“送的服务是什么”“如何领取”等。例如，跟谁学互联科技有限公司的回复语“猩猩，您好！我是跟谁学初中负责送书的助教老师，现在为您推荐专为初中生准备的【课外阅读】【辅导书】等，品类多样，全部免费领！点下方链接立即参与领书”，并告诉用户“有任何问题可以私聊我”，增强用户对自己的信任。

（4）互动型

互动型回复语主要是引导用户回复关键词来获取所需内容，或者发起一个话题引导用户互动。例如完美日记的回复语：“嗨宝贝~我是完美日记的小完子呦！让我猜猜，你是来找完子红包？还是进仙女？福利群呢？稍等我一下下，马上给宝宝安排！”这种回复语具有极强的互动性，用户回复“福利”就可以进入“福利群”，从而将流量沉淀到社群中。

（5）活动型

活动型回复语要根据活动主题来确定，主要是介绍活动以及参与活动的入口。例如长虹美菱中国区的回复语：“您好！欢迎您参与长虹美菱豪横618——‘拿十亿、发现金’活动。感谢对长虹美菱的信任，愿我们的产品和服务为您带来快乐！”然后为客户推送活动小程序，引导用户添加企业小程序并参与活动。

◆消息群发

消息群发是企业微信的一大亮点功能，可以帮助企业大幅度提高触达用户的效率。微信官方一直禁止用户通过群发工具来干扰用户环境，并对各类群发工具采取了严厉打击，这同时也给企业的私域流量运营带来了巨大的阻碍。但是，企业微信群发功能的上线彻底解决了这一难题。企业员工可以利用企业微信上自带的群发助手向客户快速发送种草文章、门店促销活动、门店优惠券等各类信息内容，帮助企业更快地触达用户。

需要注意的是，企业微信的消息群发有两种形式，一种是个人群发，一种是企业群发，并制订了一些规则，以免频繁的群发消息打扰客户，同时也是为了提高群发消息的质量。根据规则，每个客户每天可以收到一次个人群发，每周可以收到一次企业群发。这就使得消息群发的次数变得格外珍贵。为了保证每条群发消息都能达到预期效果，企业可以根据客户标签进行精细化推送。

例如，某母婴企业将客户细分为孕期妈妈、0～3岁妈妈、3～6岁妈妈，6岁以上的妈妈四大类。运营人员会有针对性地进行消息群发，向孕期妈妈推送备孕知识、孕产大礼包等；向0～3岁的妈妈推送奶粉、尿不湿、婴儿辅食等产品活动以及相应年龄段的育儿知识；向3～6岁的妈妈推送孩子早教用品、早教课程等；向6岁以上妈妈推送儿童奶粉、营养品、衣服等产品，亲子关系培养等知识。通过这种分层的消息群发保证大部分消息能够触达目标客户，让消息群发的效果达到最佳。

04 沉淀：企业私域流量的留存与转化

不管是否借助企业微信，最终与客户沟通对接的都是企业的员工。因此，客户对企业的信任往往是建立在对其员工的信任之上的，而员工一旦离职，就可能造成企业客户流失问题。对于这样的问题，企业完全可以通过打造企业IP账号来获取客户的信任，并避免因员工离职而造成的客户流失问题。那么具体要如何操作呢？

◆统一对外形象

企业员工统一、规范的对外沟通形象可以直接影响客户对企业的认知，帮助员工获取客户信任。企业微信为企业统一员工对外形象提供了极大的方便，管理员可以在管理后台找到“成员对外信息显示”菜单，自行设置对外展示的内容，例如企业名称、企业头像、企业官网、企业小程序、员工昵称等，这些信息的设置可以根据员工的工作需求进行适当调整。例如完美日记的员工头像、昵称完全相同，统称“小完子”，极具辨识度；全棉时代的员工昵称全部在名字前加上公司名，如“全棉时代官方商城：棉小宇”等，头像为全棉时代的LOGO。设置完成后，员工在使用企业微信联系客户时，会直接展示通过认证的企业名称，让企业辨识度得到大幅提升。同时，小程序、官网等信息的添加还可以起到自我宣传的作用。这样做可以使客户更加了解企业文化内涵，并对企业的品牌形象有一个更全面、更深刻的认知。

◆客户继承

对于开展社群运营的企业来说，客户跟随业务员流失是最令人头疼的问题。企业微信上线了客户继承功能，当老员工离职或调岗后，新员工就可以继承老员工的工作，使企业微信的运营得以继续。这样一来，企业微信中沉淀的客户资源将变成完全掌握在企业手中的资产。

除离职继承外，最新版的企业微信还上线了“在职继承”功能，以应对员工职位变动无法再为客户服务这种情况，可以直接将该员工的客户转移给其他员工。“在职继承”功能的使用也非常方便：

第一步：将企业微信升级到最新版本，进入企业微信的“工作台”，点击“客户联系”“配置”，找到在职继承入口。

第二步：选择需要分配的客户，选择按员工分配还是按客户分配。如果选择按员工分配，管理员可以一键选择该员工的所有客户，也可以自行选择客户，还可以根据标签筛选客户；如果选择按客户分配，可以直接输入客户昵称进行搜索，将其添加到待分配的名单中。

第三步：选择接替的成员并确认分配。接替员工一次只能选择一个，如果要将客户分配给多名员工，需要分多次操作。

第四步：客户分配完成后，原服务客户的员工和接替员工都会收到提示。

客户分配成功，客户与原有联系人的关系会自动解除，双方不能再继续联系。在员工收到客户分配提醒之后，客户也会收到员工更换提醒。如果客户点击“暂不添加”，则分配失败，依然可以享受原有员工的服务；如果客户不点击该按钮，将会在24小时候自动添加新员工作为新的联系人。

需要注意的是：一名客户最多被转接2次，并且90天内只能被转接一次。例如，员工A因为职务调动将客户王先生转接给员工B，员工B接手之后，想要将王先生转给其他员工必须等90天。90天后，员工B将王先生转给了员工C。此时，王先生被转接的次数已经达到上限，不能再转接给其他员工。这提醒企业，客户继承功能要慎用。

◆客户统计

客户统计是私域流量管理的重要一环，企业微信支持管理员查看企业客户数，具体方法有两种：

第一，管理员在电脑端登录企业微信管理后台，在后台点击“客户联系”—“客户”，就能看到企业的客户总数，今日新增客户数、日新增趋势图。

第二，管理员从手机端点击“工作台”—“客户联系”进入客户联系页面，查看企业的全部客户数、今日新增数、日新增趋势图。

除此之外，企业管理员还可以利用客户统计来监督员工的工作，并计算员工的绩效。借助客户统计，企业管理员可以时常查看员工与客户的对接情况，具体包括每日新增客户数量、发送消息数量、交流的客户数量、有无及时回复客户信息等。

通过查看客户统计监督员工工作，可以有效提高员工的服务质量，确保高质量的服务能够快速、有效地触达用户。在这样的精细化运营下，客户会持续留存并不断转化为企业的私域流量。

总之，品牌和企业要积极利用企业微信，与客户的个人微信号打通，建立企业的客户资产，继而精细化运营。实现企业私域流量的留存与转化。

未来，企业微信的发展前景十分广阔，很可能成为私域流量运营最重要的阵地之一。有些运营者甚至认为企业微信将引领私域流量运营的下一个黄金10年。

后记　私域电商未来发展的10大趋势

私域电商作为当下破解流量焦虑，应对电商增速缓慢较为有效的方式，品牌和商家纷纷将目光聚焦在私域流量的获取之上。但成功者往往先人一步，把握住私域电商未来发展的趋势，提前做好规划和布局，抓住机遇是品牌和商家在沉淀私域流量的同时，所不能忽视的事情。具体而言，未来私域电商将会呈现出如下的趋势。

趋势一：私域电商个人号向企业微信迁移

鉴于目前合规工具的缺失，私域电商玩家们一直处于被封号的担忧中。近期，腾讯不断释放信号，试图让商家把微信中过载的流量引导到企业微信中。

相较于个人号，首先，企业微信需要企业进行实名认证，商家的可信度有了保障，解除了封号的风险。其次，企业微信的好友上限为5万甚至没有上限，商家硬件设备的成本也将下降。同时，企业微信极大地保护了商家的私有客户资产，甚至可以当作私域的CRM统一运营管理。通过企业微信，商家可以打通订阅号、服务号和小程序，形成私域变现的闭环。

相对应地，企业微信也存在一些弊端。首先，对于没有资质进行企业微信认证的中小商家而言，无法享受企业微信的新红利；其次，企业微信暂无朋友圈功能，无法通过朋友圈建立人设，发布最新动态，会减弱“真人感”，变现效果存疑。

趋势二：“公私合营”成常态，公域和私域竞争与合作共存

未来，各大平台将各司其职，在“公私合营”的新常态下形成完整的商业变现闭环，各自发挥优势，合作和竞争并存，极大提升变现效率。

在合作层面，短视频平台负责引流；电商平台负责转化和购买；私域电商负责沉淀用户，完成粉丝积累和复购。

在竞争层面，从某种程度上说，公域和私域也是一种“零和博弈”。消费者的购买力和精力有限，公域和私域的流量之战不可避免，存量流量和增量流量的边界将变得模糊，竞争的关键在于商家是否能精准把握客户需求，创造更好的购买体验。

趋势三：私域电商将出现新估值

私有客户资产将进一步资产化和资本化。目前，微信里的好友关系原则上属于企业，员工只是负责运营。但在未来，客户于商家的好友关系将变得可衡量，“你的私域好友有多少？”“好友是不是精准垂直？”“好友关系的变现效率是多少？”“如何保证私域客户是长期存

在且可靠的？”，这些可能都会变成估值的衡量指标。

以一组数据为例：假设商家客单价均值300元，客户人均估值大概400元，则一个微信个人号（假设已加2000人），估值最高可达80万，则该商家的私有客户资产为80万元。

趋势四：短视频有望成为下一个私域竞争场

传统的社交平台趋于僵化，后进入者门槛较高。短视频等内容平台的崛起，为后来者提供了新的变现机会，抖音、快手、头条等平台正在成为电商重要的导流渠道，甚至他们自身就在试图把自己打造为带货渠道。一时间，各大短视频平台争相构建私域流量生态，具体表现在三个方面：

（1）强化短视频平台的社交功能

例如快手加入了用户间关注、私信、查看附近的人等功能。

（2）完善短视频平台交易工具

例如有赞为短视频平台提供交易工具，据有赞2020年上半年数据显示，他们来自直播平台的交易额达到10亿。

（3）打造短视频平台的强社交氛围

例如快手的“老铁文化”就具有强社交属性，无论是评论互动，还是直播陪伴，都让用户对“人”产生了很强的信任感，这和私域电商中的信任感变现的逻辑不谋而合。

趋势五：私域电商迎来下沉县域市场的好时机

根据中郡研究所《2019县域经济与县域发展监测评价报告》统计，县域经济进入了高质量发展时期，第19届全国县域经济强县共378个。

下沉市场，尤其是县域的市场潜力不可小觑，这也是私域电商下沉的最好时机。

目前，下沉市场的用户规模达到6.7亿，且上网时长保持在日均5小时的高纪录；加之县域社交互动频繁，在农村有28%的消费者因为社交互动购买产品，比如朋友推荐、KOL推荐、直播电商等等，他们对特款产品（比如新品发布、限量产品）的偏好比重也达到了21%。因此，私域电商凭借着天然的社交优势，更容易在下沉县域市场，通过口碑传播进行裂变，实现私域流量变现。

趋势六：老年群体“社交繁荣”，私域变现机会多

AgeClub研究显示，老年人群不仅将微信作为即时通信工具，还将其视作表达情感和维系社交的互动平台，50岁以上的“新老年”喜欢用微信管理自己的社交圈、看微信群信息，且微信群的黏性强，89%的长辈有100个以上好友。超过46%的长辈其实每天都会在群里互动超过20次，75%以上的长辈常用的微信群在20个到30个之间。

老年人群的微信群还有个重要的功能——学习，例如学葫芦丝、书法、美术等课程，甚至会在群里探讨和交流。这是新老年的兴趣圈层，他们有更多的时间去经营自己的兴趣爱好，兴趣是悦己心理的变现场景之一，变现空间不容小觑。

趋势七：“他经济”——私域电商的价值洼地

《中国统计年鉴2018》显示，中国单身人口总数已达2.49亿。其中，单身男性的数量远高于单身女性，单身男士的消费频率远高于已婚男性。而且，这部分人群主要集中于白领和中产，他们不仅没有消费顾

虑，物质上还具备较强的消费能力，这极大地助长了“他经济”的崛起势头。

男性对价格敏感度低于女性，热衷线上购物，更追求省时省力的购物方式，这种偷懒的悦己心理，正为私域电商提供了绝佳的机会。如何在私域里获取男性信任，并帮助他们实现快速购买的目的，将会是商家成功与否的关键要素。

趋势八：新国货——私域电商的潜力股

不同于老一辈们容易被“大品牌”所打动，年轻一代在信息过载的时代，广告效果大打折扣，他们更相信素人或者KOL的评测，这为新品牌的崛起提供了机会。阿里研究院发布的《2019中国消费品牌发展报告·新国货 大未来》显示，在阿里巴巴平台上，2018年与“新国货”相关的关键字累计搜索量超过126亿次。

随着年轻人对中国文化的认同感加强，对于国潮文化的追逐很容易激发消费者的认同心理，私域商家借此实现认同感变现。在中国的社交土壤里，新国货将迎来全新的发展机遇。

趋势九：跨界出圈，流量“裂变”

擦大白兔糖味的润唇膏，穿着老干妈的国潮卫衣，喝着六神花露水风味的RIO鸡尾酒，优衣库和街头艺术家KAWS的跨界合作……品牌之间的跨界掀起一波波消费热潮。

消费者开始更多关注商品的符号价值、文化特性和形象价值，更愿意为产品的设计、创意、个性买单，在某种程度上，他们的购买行为也在帮助他们自身打造个人“人设”，借此满足社交需求。

品牌跨界往往能增加品牌影响力，赋予产品文化底蕴或生活趣味，获得更多消费者关注与认同。在私域电商领域，消费者因为购买而获得认同的变现场景里，最有效的变现方式就是打造高情感价值、高口碑的爆品。

趋势十：技术迭代升级，或颠覆私域电商

随着私域电商的应用场景加深，技术升级速度加快，各种硬件和软件的服务成本可能会降低。5G、云技术、AI 智能技术的成熟，也会为私域电商带来新的发展契机，或被新技术所颠覆。私域电商的未来具有很大的想象空间。

上述的10大趋势，可能只是私域电商未来迅猛发展的冰山一角。作为电商从业者，必须掌握私域电商的底层逻辑和运营玩法，通过用户的精细化运营，抓住未来的趋势和机遇，释放出私域流量中所蕴含的巨大商业潜力，成就电商领域下一个繁荣的10年。